Vire à Direita.
Siga em Frente

Um manifesto da Direita Sensata para vencer a Esquerda

Luiz Felipe D'Avila

Vire à Direita. Siga em Frente

Um manifesto da Direita Sensata para vencer a Esquerda

VIRE À DIREITA. SIGA EM FRENTE
@EDIÇÕES 70, 2024

AUTOR: LUIZ FELIPE D'AVILA
DIRETOR DA ALMEDINA BRASIL: Rodrigo Mentz
EDITOR: Marco Pace
EDITORA DE DESENVOLVIMENTO: Luna Bolina
PRODUTORA EDITORIAL : Erika Alonso
ASSISTENTES EDITORIAIS: Laura Pereira, Patricia Romero e Tacila Souza

REVISÃO: Casa de Ideias
DIAGRAMAÇÃO: Casa de Ideias

ISBN 978-65-5427-263-6
Maio, 2024

DADOS INTERNACIONAIS DE CATALOGAÇÃO NA PUBLICAÇÃO (CIP)
(CÂMARA BRASILEIRA DO LIVRO, SP, BRASIL)

D'Avila, Luiz Felipe

      Vire à direita : siga em frente / Luiz Felipe D'Avila. -- São Paulo : Edições 70, 2024.

    ISBN 978-65-5427-263-6

    1. Brasil - Aspectos econômicos 2. Brasil - Política 3. Ciência política 4. Direita e esquerda (Ciência política) 5. Liberalismo 6. Marxismo I. Título.

24-198129

CDD-320

Índices para catálogo sistemático:
1. Ciências políticas 320
Eliane de Freitas Leite - Bibliotecária - CRB 8/8415

Este livro segue as regras do novo Acordo Ortográfico da Língua Portuguesa (1990).

Todos os direitos reservados. Nenhuma parte deste livro, protegido por copyright, pode ser reproduzida, armazenada ou transmitida de alguma forma ou por algum meio, seja eletrônico ou mecânico, inclusive fotocópia, gravação ou qualquer sistema de armazenagem de informações, sem a permissão expressa e por escrito da editora.

EDITORA: Edições 70
Rua José Maria Lisboa, 860, Conj.131 e 132, Jardim Paulista | 01423-001 São Paulo | Brasil
www.almedina.com.br

Agradeço aos amigos que fizeram uma leitura crítica do livro. Os comentários, as críticas e as sugestões de Fabio Barbosa, Jorge Caldeira, Euripedes Alcantara, Eduardo Wolf, Raphael Vandystadt e Leandro Narloch foram de grande valia para que eu pudesse aprimorar conceitos, melhorar parte do texto e preparar a versão final do livro.

Agradeço também ao meu editor, Marco Pace, que me provocou a escrever este livro.

Sumário

Parte I　As três pragas que vêm destruindo o Brasil　9

Parte II　O drama do presente: O Brasil atolado
no nacional-estatismo e no populismo　13

Parte III　O Brasil que dá certo　49

Parte IV　Propostas para unir a Direita sensata　65

Parte V　A importância dos valores para
vencer a guerra cultural　89

Parte VI　O mínimo que você precisa saber
sobre a História do Brasil para não
cair nas armadilhas da esquerda e
votar de maneira consciente　101

Parte VII　Onde estão os defensores da liberdade?　149

Bibliografia　159

Índice Remissivo　165

Parte I

As três pragas que vêm destruindo o Brasil

O Brasil vem sendo dilacerado por três pragas: o Estado ineficiente, o nacional-estatismo e o populismo. A primeira nos impede de construirmos um Estado eficiente, capaz de priorizar o cidadão, prestar serviço público de qualidade e salvaguardar a credibilidade do governo e a confiança nas instituições democráticas. A segunda bloqueia a criação de uma economia de mercado, a abertura econômica e a inserção do Brasil no comércio global, destruindo a capacidade de o país viver um ciclo virtuoso de crescimento econômico sustentável. A terceira corrói os pilares da democracia e do Estado de Direito. Os populistas alimentam o radicalismo político e se apresentam como "salvadores da pátria." Tanto os populistas de esquerda como os de direita se apresentam como os únicos representantes da vontade popular e não poupam ataques às instituições democráticas que impõem limites ao seu poder – como a imprensa livre, o Congresso e o Judiciário.

Além do desejo de usar a democracia como fachada para legitimar o mando pessoal, os populistas de direita e de esquerda adoram o nacional-estatismo. Apoiam reserva de mercado, proteção do Estado para setores da economia e distribuição de privilégios que só contribuem para o Brasil se tornar menos produtivo e menos competitivo no comércio internacional. A consequência trágica dessa escolha está estampada num Brasil que não cresce há quarenta anos e figura entre as economias mais fechadas do mundo. O nacional-estatismo deturpou o funcionamento da economia de mercado e criou uma sociedade viciada em governo e dependente dos favores e das benesses do Estado.

A combinação de governos populistas e a paixão pelo nacional-estatismo impediu a criação de um Estado eficiente. O gigantismo estatal retira quase 40% do PIB do Brasil que trabalha, produz e empreende para sustentar um Estado ineficiente, que presta serviço de péssima qualidade para o cidadão. O foco do Estado ineficiente não é o cidadão, mas as corporações públicas e privadas que se apoderam do Estado e vivem de privilégios e recursos públicos concedidos pelo governo. O Estado ineficiente cria a falsa ilusão de que precisamos eleger populistas e apoiar o nacional-estatismo para contrabalançar o poder perverso de governos ineficazes e de um Estado corrupto e incapaz de prestar serviço público de qualidade.

Nesse universo caótico dominado pelo Estado ineficiente, governos populistas e amantes do nacional-estatismo, os defensores da livre economia, da ordem democrática e do Brasil que produz, trabalha e empreende não têm voz nem poder para mudar o sistema. Durante muito tempo, a direita sensata permaneceu alheia à política, o que foi péssimo para o país. A última vez que a direita sensata esteve no poder foi durante o Império – com os partidos Conservador e Liberal – e no início do período republicano, após a eleição de Prudente de Moraes (1894-1898) para a presidência da República em 1894. Após esse período áureo, ela perdeu o protagonismo político, refugiando-se em partidos de direita que defendiam o nacional-estatismo (como a União Democrática Nacional, UDN) ou nos partidos de centro-esquerda que defendiam as reformas do Estado (como o Partido Social-Democrata Brasileiro, PSDB).

Está na hora de a direita sensata recuperar o seu protagonismo político, conquistar o poder e sepultar o populismo, o nacional-estatismo e o Estado ineficiente. Este livro é dedicado aos brasileiros que acreditam que a direita sensata precisa se unir em torno de valores, princípios e propostas que nos ajudem a pavimentar o caminho da conquista do poder político e destronar a esquerda do poder. Acreditamos nas virtudes da democracia plena, do Estado de Direito, do livre mercado e do respeito às liberdades individuais. O Partido dos Trabalhadores (PT) e a esquerda chucra representam a maior ameaça a esses valores. Precisamos tirá-los do poder por meio do voto. Por isso, é necessário entender os desafios do presente, compreender as lições do passado e ter um plano de ação para pavimentar o caminho do futuro. Esse é o propósito desta obra.

Parte II

O drama do presente: O Brasil atolado no nacional-estatismo e no populismo

Nacional-estatismo une a esquerda retrógrada e a direita chucra

O que une industriais e sindicalistas, o PT e o centrão empresarial, a direita chucra e a esquerda retrógrada? A resposta é a paixão pelo nacional-estatismo. Para seduzir tanta gente, a nossa amante precisa ser boa de lábia. Seu discurso é muito sedutor. O nacionalismo mexe com os brios da pátria. O Estado deve atuar como guardião do interesse nacional, proteger as nossas riquezas naturais de empresas estrangeiras que querem explorá-las, defender a indústria nacional e criar reserva de mercado para que as empresas brasileiras possam prosperar e gerar emprego, e proteger a nação dos efeitos perversos da globalização e do liberalismo econômico que matam a economia local e buscam limitar o poder do Estado para exercer plenamente a soberania nacional.

O Estado é também o indutor do crescimento econômico e do bem-estar social. Além de fornecer serviço público em áreas tão diversas como segurança, saúde, educação, seguridade social, cultura e esporte, atua também como o grande árbitro do mercado, intervindo na economia por meio de subsídios, protecionismo, burocracia e regulamentação para defender a soberania nacional contra o capital estrangeiro, as multinacionais e os especuladores. Por isso, o Estado também é responsável pelos grandes investimentos em infraestrutura e controlador das grandes empresas estatais que zelam pelos interesses estratégicos do país, como energia, telecomunicações, petróleo, minério, saneamento, ferrovias, rodovias, portos e aeroportos. A iniciativa privada trabalha em parceria com o Estado e, por meio de grandes contratos públicos, atende às demandas do governo para construir, produzir e fornecer serviços responsáveis por executar os grandes projetos de interesse nacional.

Nesse momento, a amante lhe pergunta, "como você pode ser contra essas ideias que oferecem o melhor dos mundos: o nacionalismo para manter vivo o patriotismo e o desenvolvimentismo para gerar crescimento e nos proteger da competição desleal e das artimanhas dos especuladores? Se o Brasil seguir à risca a receita do nacional-estatismo, será uma potência global!".

Em seguida, ela apresenta um dado que faz balançar o seu coração. De 1945 a 1980, o Brasil foi um dos países que mais cresceu no mundo. Éramos a China da época e crescemos 7% ao ano, seguindo a receita do nacional-estatismo. Foi o Estado interventor e atuante na defesa do interesse nacional que impulsionou a industrialização do país, financiou as grandes obras de infraestrutura, garantiu a reserva de mercado que nos incentivou a produzir domesticamente bens e produtos em vez de importá-los (a tal política de "substituição de importação"). O Brasil cresceu, as empresas desenvolveram e a renda *per capita* quase quadruplicou no período. Se não fosse o nacional-estatismo, o país seria uma nação pobre e pouco desenvolvida.

Mas, antes que você se deixe seduzir por essa cantada irresistível que já está afetando a sua capacidade de raciocinar, respire fundo e recupere a sobriedade. A história do "sucesso" do nacional-estatismo termina abruptamente na década de 1980, ficando apenas a conta gigantesca para pagarmos até hoje por não ter tido coragem de sepultar o cadáver de uma tese defunta e de adotar o liberalismo econômico.

O nacional-estatismo corrompe a economia de mercado

Aprendemos na escola e na universidade que o Estado centralizador, patriarcal e corporativista nos salva da desordem social, da ganância dos poderosos e ampara os menos favorecidos, distribuindo benesses e emprego público e assegurando estabilidade e "direitos". A doutrinação nacional-estatista nos ensina que o mercado é um mal necessário que precisa ser tutelado, vigiado e regulado pelo Estado. Sem a intervenção deste no mercado, a ganância dos empresários, a imoralidade do lucro e a exploração do trabalhador pelo empregador produziriam uma sociedade mais injusta e desigual. Essas injustiças são "corrigidas" por medidas protecionistas, restrições à competição e criação de monopólios estatais.

Temos dificuldade de entender que a economia não é um jogo de soma zero. De fato, a riqueza das nações só se torna cumulativa quando passam a competir no comércio global e engajando com outras nações na troca intensa de produtos, gente e ideias. O comércio internacional criou um poderoso estímulo para as nações, empresas e pessoas competirem, inovarem, criarem e produzirem bens e produtos desejados pelos consumidores do mundo.

Ao acreditar nas "virtudes" do nacional-estatismo, o Brasil permaneceu como uma das economias mais fechadas do mundo. Apesar de estarmos entre as 10 maiores economias do mundo, o país representa apenas 2% do comércio global. Exportamos menos que a pequena ilha de Taiwan e somos apenas a 29ª nação em importação. A reserva de mercado, o atraso tecnológico, a complexidade tributária e regulatória e o "Custo Brasil" nos transformaram em um dos países menos competitivos do mundo.

Em 2023, no *Ranking* de Competitividade Internacional do International for Management Development Institute (IMD), que avalia a competitividade de 60 países, o Brasil está entre os menos competitivos do mundo (51ª posição)[1]. A produtividade brasileira despencou e grande parte desse legado desastroso é fruto da péssima educação pública. Apesar de gastarmos cerca de 5,6% do PIB em educação (mais que a média dos países ricos da Organização para a Cooperação e Desenvolvimento Econômico, OCDE), estamos ranqueados em último lugar na OCDE. Além de ter um dos piores sistemas educacionais do mundo, gastamos muito com a máquina da educação (pessoal, benefícios e aposentadoria) e pouco com o aprendizado dos alunos. A média do Brasil de gasto por aluno é 2.100,00 dólares por ano. Já nos outros países do *Ranking*, a média é de 6.873,00 dólares dos demais países.

A queda da competitividade e da produtividade freou o crescimento econômico no Brasil. Desde 1975, o mundo teve quatro recessões (isto é, queda do Produto Interno Bruto *per capita*). Já o Brasil enfrentou 14 recessões no mesmo período. Nos prósperos anos de crescimento econômico, crescemos menos que os países emergentes e um pouco mais que os países ricos. Na década de 1981-1990, o PIB *per capita* no Brasil caiu 0,4%; na década seguinte (1991-2000), cresceu 1%. Na primeira década do século 21, o PIB *per capita* cresceu 2,4%, mas, na década seguinte, caiu 0,6%. Traduzindo esses números em fatos: a renda *per capita* do Brasil era três vezes maior do que a Coreia do Sul no fim da década de 1970; hoje ela é 40% menor.

---

[1] Disponível em: https://www.imd.org/centers/wcc/world-competitiveness-center/rankings/world-competitiveness-ranking/. Acesso em: abr. 2024.

Resultado da estupidez nacional-estatista: o Brasil empobreceu e cresceu pouco a partir de 1980, enquanto os principais países emergentes que abriram a sua economia para o comércio internacional realizaram um milagre – o crescimento econômico pujante gerou prosperidade e tirou bilhões de pessoas da pobreza. No caso do Brasil, perdemos mercado, investimento, renda em comparação com os principais países emergentes nos últimos quarenta anos. Desperdiçamos uma chance incrível de combinar o nosso *boom* demográfico com abertura econômica, reformas liberalizantes, melhoria da qualidade da educação pública e inserção nas cadeias globais de valor. Ao rechaçar a agenda liberal, o Brasil perdeu a chance de deixar de se tornar um país de renda média e uma nação rica.

O nacional-estatismo nos aprisionou ao subdesenvolvimento.

O nacional-estatismo corrompe a política

Isolado nos trópicos e fechado no seu mundinho, o Brasil não deu a menor atenção para a transformação que o mundo passou nos anos 1980 do século passado. As mudanças liberalizantes desencadeadas por Thatcher e Reagan pareciam um fenômeno cósmico que aconteceu numa galáxia anos-luz da terra brasileira. A Constituição de 1988, por exemplo, dobrou a aposta no nacional-estatismo e na sua capacidade de nortear a retomada do crescimento econômico do Brasil. O texto constitucional manteve o monopólio do Estado em telecomunicações e ampliou o monopólio estatal da Petrobras, que estava circunscrito à prospecção e refino do petróleo. Havia uma clara discriminação contra empresas estrangeiras ao distinguir na Constituição entre empresa brasileira de capital nacional e de capital estrangeiro. No país onde a inflação atingiu quase 1000% ao ano em 1988, os constituintes incluíram um artigo surreal que limitou a taxa de juros a 12% (evidentemente esse limite nunca foi cumprido). Os constituintes foram generosos com direitos sociais, mas esqueceram de fazer a conta de como o país iria custeá-los. Criamos uma previdência social mais generosa do que as sociais-democracias dos países ricos. O Brasil gasta com previdência, em benefícios e aposentadorias, três vezes mais do que países como o Japão.

A Constituição de 1988 é o retrato da criação da utopia do nacional-estatismo. Em uma época de abertura econômica, criamos reserva de mercado e monopólios estatais. Na era da desregulamentação, criamos uma das mais engessadas leis trabalhistas do mundo. Como dizia Roberto Campos, os direitos trabalhistas eram "uma viagem ao seio da utopia" que transformou o Brasil num país recordista de judicialização trabalhista e perpetuou a informalização do trabalho, transformando o trabalhador de carteira assinada numa minoria no país. O sistema tributário tornou-se o mais complexo e caótico do mundo. É um dos pilares do famigerado "Custo Brasil", que contribuiu para a perda de competitividade do país e fomentou o excesso de judicialização. O passivo de disputas tributárias representa 75%

do PIB, enquanto na Comunidade Europeia representa apenas 0,28% do PIB.

O pensamento do nacional-estatismo pautou a Constituição de 1988, colocou um freio no crescimento econômico, judicializou as relações trabalhistas e tributárias, catapultou o gasto público para financiar os benefícios sociais e manteve o país à margem do comércio global, da revolução tecnológica e da inserção nas cadeias globais de valor. Em 1991, o Congresso aprovou a famigerada *Lei da Informática* (Lei nº 8.248/91), responsável por criar reserva de mercado para produtos nacionais, impedir o avanço tecnológico do país e dobrar a aposta da desastrosa política do governo militar, que havia criado a Política Nacional de Informática, a qual causou o atraso tecnológico do país na década de 1980. Essas políticas nacionalistas tornaram-se proibitivas à modernização de máquinas e equipamentos e desestimularam a adoção de tecnologia de ponta nas nossas empresas. O excesso de políticas protecionistas e subsídios estatais por tempo indeterminado dizimou a capacidade da indústria nacional de competir nos mercados globais. Sua perda de competitividade e de produtividade contribuiu para o processo de desindustrialização do país no século 21.

A paixão pelo nacional-estatismo une a direita e a esquerda; de Vargas e João Goulart aos governos militares e democráticos de Sarney, Lula e Dilma. Em termos econômicos, o Brasil de direita e de esquerda é antiliberal. Exceto as reformas liberalizantes nos governos Fernando Henrique, Temer e Bolsonaro, presidentes de esquerda e de direita perseguiram políticas econômicas antiliberais.

Esses exemplos de políticas econômicas regidas pelo nacional-estatismo retratam que o Brasil vem caminhando na contramão da História. A democracia plena, a liberdade individual e a abertura econômica são defendidas no discurso, mas sabotadas na hora de formular políticas públicas. A cultura do nacional--estatismo continua arraigada nas mentes e nos corações de muitos brasileiros, retardando as reformas imprescindíveis para corrigir os erros e os retrocessos de um Estado desconectado da realidade global. Demoramos 30 anos para promovermos reformas tímidas na legislação trabalhista, previdência social e no sistema tributário.

Assim, o Brasil foi se tornando mais pobre e menos competitivo em relação aos principais países emergentes. Perpetuamos o esquema de sobrevivência política no Brasil, que consiste em empregar a corrupção (patrimonialismo), cultivar as corporações que capturam o Estado em troca de benefícios públicos (corporativismo) e distribuir generosamente empregos e verbas públicas em troca de votos (clientelismo) para os partidos e os governantes se manterem no poder.

Dois liberais que implodiram o comunismo

Indignada com essa sociedade viciada em privilégios e benefícios do Estado Assistencial, Margaret Thatcher tornou-se primeira-ministra do Reino Unido em 1979 e não tardou a dar um choque de liberalismo no país, cuja repercussão se espalhou para o restante do mundo.

Thatcher chegou ao poder determinada a implodir o intervencionismo estatal na economia, que havia causado tantos males ao país: inflação alta, baixo crescimento, perda de competitividade e queda da produtividade. A receita liberal consistia em tirar o Estado da economia e deixar o livre mercado funcionar, sanear as finanças públicas, privatizar estatais, eliminar subsídios e políticas protecionistas e desregulamentar a economia para deixar o empreendedorismo voltar a florescer no país.

A então primeira-ministra britânica teve coragem de enfrentar as corporações que haviam capturado o Estado, como as estatais, os sindicatos e a burocracia, os quais destruíram a economia de mercado, sufocaram o setor privado com impostos elevados e excesso de regulação. Ela tinha profunda convicção na força do livre mercado para gerar riqueza, bem como na capacidade empreendedora dos britânicos de inovar, investir e gerar renda e emprego. Acima de tudo, Thatcher respeitava profundamente o dinheiro do contribuinte e nutria horror pelas corporações que queriam bater a carteira das pessoas que trabalham e produzem para sustentar parasitas que vivem às custas do dinheiro público. Ela dizia que "não existe dinheiro público, apenas dinheiro do pagador de impostos." Por isso, a determinação da primeira-ministra em eliminar privilégios e benefícios públicos, combater a inflação, cortar gastos do Estado, reduzir a carga tributária e deixar o mercado funcionar livremente.

VIRE À DIREITA. SIGA EM FRENTE

O segundo líder que dizimou a intervenção do Estado na economia foi o presidente dos Estados Unidos, Ronald Reagan. Em 1980, Reagan venceu as eleições com um discurso simples e direto: "o governo não é a solução, mas o problema." A economia precisava voltar a crescer e o presidente iria reduzir impostos, cortar gasto público, eliminar as regras e entraves burocráticos que inibem os negócios, que prejudicavam as empresas, os negócios e o funcionamento do livre mercado. Reagan acreditava que essas medidas colocariam mais dinheiro no bolso dos empreendedores e das empresas para fomentar o investimento, a competição de mercado, o aumento de produtividade e da inovação tecnológica. É só o governo não atrapalhar o mercado e a vida dos empreendedores que a economia voltaria a crescer.

Reagan cumpriu a promessa à risca e o resultado foi impressionante. A inflação despencou e a economia voltou a crescer; 20 milhões de novos empregos foram criados nos seus dois mandatos, atingindo um dos menores níveis de desemprego da época. A renda familiar cresceu em média 27% ao ano, e a taxa de juros desabou, permitindo às empresas e às pessoas a tomar crédito novamente para investir, consumir e empreender.

Uma onda liberalizante varreu o planeta e catapultou a abertura econômica, desregulamentação, desburocratização, privatização de empresas estatais, e redução de barreiras protecionistas e tarifárias. O resultado foi a explosão do comércio internacional, crescimento econômico, ganho de produtividade e um ciclo de prosperidade que beneficiou as nações, principalmente os países emergentes. Mais de um bilhão de pessoas saíram da pobreza, o que demonstra que não existe política social melhor do que crescimento econômico.

A receita do sucesso chamava-se economia de mercado. Até mesmo a China, a última grande potência comunista no mundo, se rendeu ao receituário liberal. Como dizia o carnavalesco Joãozinho Trinta, "quem gosta de miséria é intelectual. O povo gosta de luxo" – e de prosperidade.

Comunista de Ferrari

Deng Xiaoping, o líder chinês que sucedeu o ditador Mao Tsé-Tung em 1976, compreendeu perfeitamente o recado de Joãozinho Trinta. O povo quer prosperidade e a única maneira de garantir a proliferação da riqueza é por meio da economia de mercado. Como disse Deng Xiaoping ao dar um cavalo de pau e inserir a China comunista na economia de mercado: "não importa a cor do gato, contanto que ele cace o rato." Traduzindo: adotaremos o capitalismo e ficaremos ricos para salvar o monopólio político do partido Comunista e evitar o destino trágico da Rússia e dos países do leste europeu, onde o comunismo desmoronou em poucos meses após a queda do Muro de Berlim em 1989.

Deng assistiu de camarote ao legado desastroso da revolução comunista liderada por Mao Tsé-Tung. A *Grande Marcha* aboliu a propriedade privada, estatizou os meios de produção e impôs o controle central do Estado sob todas as atividades políticas, econômicas e sociais. O desarranjo econômico foi monumental e morreram em torno de 40 milhões de pessoas. Em 1966, Tsé-Tung iniciou a *Revolução Cultural* para revigorar o espírito da revolução socialista e evitar o aburguesamento da sociedade. O resultado foi a morte de mais de 30 milhões de pessoas de fome. O comunismo fracassou em tirar as pessoas da pobreza. Era preciso se render ao capitalismo.

Deng Xiaoping usou as regras de mercado para transformar a China em uma potência econômica mundial e livrá-la da pobreza. Restabeleceu o direito à propriedade privada, investiu em infraestrutura e educação, abraçou os avanços tecnológicos e promoveu uma abertura econômica gradual, conforme as empresas chinesas se tornaram competitivas para participar do mercado global. O crescimento extraordinário do país nos últimos quarenta anos tirou mais de um bilhão de pessoas da pobreza e criou milhares de chineses milionários que se tornaram os maiores consumidores do mundo de produtos de luxo, como carros Ferrari e Porsche.

O crescimento da renda *per capita* da China revela a transformação impressionante do país. Quando Mao Tsé-Tung morreu em 1976, a renda *per capita* da China era de 165 dólares, enquanto a do Brasil era de 1.375 dólares. Em 2022, a renda *per capita* da China era de 12.800 dólares; já a do Brasil era 7.900. Perdemos feio para os chineses na competição global.

O que aconteceu com o Brasil? Apaixonamo-nos por uma amante tão ordinária e sem vergonha quanto o socialismo. O nome dela é nacional-estatismo.

A esquerda inteligente e a esquerda burra

Passaram-se 15 anos desde a revolução liberal de Margaret Thatcher no Reino Unido em 1979 e de Ronald Reagan nos Estados Unidos em 1981 para que surtissem os primeiros efeitos na mudança de mentalidade no Brasil, aprisionado nas crenças do nacional-estatismo. O país, para variar, estava muito atrasado em relação ao mundo. A China comunista de Deng Xiaoping já tinha renunciado às teorias furadas do marxismo em 1978 e abraçado o capitalismo e as reformas econômicas; a Espanha, do primeiro-ministro socialista Felipe Gonzalez, havia jogado as teorias socialistas na lata do lixo em 1982 e seguiu o receituário das reformas liberalizantes; e a Argentina, do presidente peronista Carlos Menem, enterrou as alucinações econômicas do peronismo em 1990 e lançou um audacioso programa de reformas liberais que revitalizou a moribunda economia do país. No Brasil, contudo, a onda reformista só chegou em 1994, quando o ministro da Fazenda, Fernando Henrique Cardoso, lançou o Plano Real.

Em 1993, Fernando Henrique Cardoso assumiu o ministério da Fazenda após o presidente Itamar Franco ter demitido três ministros dessa pasta em pouco menos de dois anos. A missão de Fernando Henrique era debelar a inflação que estava prestes a atingir 2000% ao ano. Detalhe: todos os ministros da Fazenda fracassaram nessa missão desde a crise do petróleo em 1973. Apostando no fracasso do Plano Real, os petistas rotularam-no de "estelionato eleitoral" e acusaram de ser uma mera artimanha para ajudar a eleger Fernando Henrique como presidente da República em 1994. Mas o Plano Real derrotou rapidamente a inflação que prejudicava fundamentalmente os mais pobres, que não conseguiam proteger o seu dinheiro da inflação responsável por corroer o valor da moeda todos os dias. O Real tornou-se o símbolo de moeda confiável e do Brasil sem inflação. Fernando Henrique representava a personificação do Real e, por isso, venceu Lula no primeiro turno em duas eleições presidenciais (1994 e 1998).

Enquanto a centro-esquerda coerente se reconciliou com o mercado nas décadas de 1980 e 1990, produzindo líderes como Felipe Gonzalez na Espanha, Fernando Henrique no Brasil e Tony Blair no Reino Unido, que deram continuidade às reformas liberais, o PT e a esquerda retrógrada continuaram ancorados nas teorias fracassadas do marxismo e produzindo governos populistas e autoritários, como Nestor e Cristina Kirchner na Argentina, Hugo Chávez e Nicolas Maduro na Venezuela e Lula e Dilma Rousseff no Brasil. O problema é que a esquerda inteligente definhou (como revela a destruição do PSDB) e a esquerda retrógrada cresceu.

Incapaz de aprender com seus erros, Lula e os petistas resolveram sabotar as reformas liberais defendidas pelo governo Fernando Henrique. O partido votou contra todas as medidas modernizadoras do Estado. Declarou guerra contra o *programa de privatização* e tentou paralisar o país com a greve dos petroleiros e uma verdadeira indústria de liminares na Justiça para impedir a privatização das estatais. Quando nada disso foi capaz de impedir a venda das estatais, os petistas organizaram corredores poloneses para agredir os investidores que iam à Bolsa de Valores participar dos leilões de privatização. Mas foi graças às privatizações que milhares de brasileiros puderam ter acesso a estradas melhores, à expansão da telefonia e a mais investimento em energia elétrica.

O PT votou contra e fez campanha feroz para atingir a *reestruturação dos bancos públicos e privados*; uma medida vital para sanar o sistema financeiro e impedir que uma crise bancária afetasse a credibilidade deste e prejudicasse os milhares de correntistas. Também votou contra a *Lei de Responsabilidade Fiscal* que criou as condições necessárias para equilibrar as finanças públicas e evitar que governantes irresponsáveis aumentassem o endividamento dos estados e dos municípios acima da capacidade de honrar suas obrigações financeiras.

Quando o governo Fernando Henrique concebeu o programa *Bolsa Escola*, o primeiro programa de transferência de renda para os mais pobres, o PT definiu-o como "esmola para os pobres" e votou contra o mesmo. As famílias pobres que comprovassem que seus filhos estavam matriculados na escola e que estavam com a carteira de vacinação em dia recebiam um salário-mínimo por mês. Mas, quando Lula assumiu a presidência da República em 2003, turbinou o programa e rebatizou-o de *Bolsa Família*. A vigarice faz parte do DNA petista.

VIRE À DIREITA. SIGA EM FRENTE

O PT chega ao poder e ressuscita o nacional-estatismo

Lula chegou à presidência da República em 2003 prometendo respeitar as conquistas econômicas que o seu partido havia sabotado durante o governo Fernando Henrique. No entanto, a promessa durou menos de dois anos e Lula voltou a defender o nacional-estatismo que tantos males causou ao país. O presidente ressuscitou a era na qual o Estado escolhe os setores "estratégicos" que deseja beneficiar, oferecendo-lhes empréstimos subsidiados, favores do governo e benefícios públicos. Um dos exemplos mais escandalosos foi a criação de uma lei específica para beneficiar a fusão de duas empresas de telefonia e criar a Oi, uma gigante do setor de telecomunicações, para concorrer com empresas estrangeiras como a Vivo, a Tim e a Claro. O governo regou a Oi com recursos subsidiados do Banco Nacional de Desenvolvimento Econômico e Social (BNDES), mas assim como companhias que só sobrevivem com a ajuda do governo, a Oi fracassou completamente como a grande aposta governamental de criar um "campeão nacional" da telecomunicação.

A combinação de um governo generoso na concessão de benefícios públicos e subsídios com a ótima conjuntura da economia mundial, que permitiu o Brasil surfar a onda do *boom* das *commodities*, deixou os grandes empresários felizes com o governo Lula. Ganharam muito dinheiro, esqueceram da agenda das reformas que o governo engavetou e fizeram vista grossa para o aumento do gasto público. Lula abriu os cofres públicos para subsidiar o consumo, congelar reajuste de tarifas públicas (como eletricidade) e reajustar salários e benefícios do funcionalismo público muito acima da inflação. O resultado foi a implosão da dívida pública, que atingiu 70% do PIB, e o aumento do déficit público, o qual chegou a 11% do PIB no fim do governo.

Nem mesmo a explosão dos escândalos de corrupção foi capaz de abalar a popularidade do governo. Em junho de 2005, o deputado Roberto Jefferson denunciou o "mensalão": um esquema de compra de votos no Congresso por meio de propinas de 30 mil reais pagas aos parlamentares para aprovar projetos de interesse do governo, o que foi capaz de abalar o governo. Logo após o "mensalão", eclodiu o "petrolão": um desvio bilionário de recursos públicos na Petrobras que marcou o início do maior escândalo de corrupção do mundo, desvendado pela operação Lava Jato. Mesmo com todas essas falcatruas reveladas, a maioria dos brasileiros resolveu não só reeleger Lula, como também eleger e reeleger Dilma Rousseff presidente da República. O eleitor dobrou a aposta nas promessas do nacional-estatismo e o Brasil implodiu.

Dilma foi a pior presidente da história do país. Apaixonada pelo nacional-estatismo, a presidente deixou um rastro de destruição poucas vezes visto na História. Seu governo foi o retrato da falência do nacional-estatismo. O dirigismo estatal que escolheu os "campeões nacionais" e despejou subsídios para a indústria só agravou a dependência da indústria do governo e sua incapacidade de competir no mercado global. O programa de crédito subsidiado para investimento (Programa de Substituição do Investimento, PSI) causou um prejuízo de 300 bilhões de reais para o Tesouro Nacional. A intervenção governamental e a queda forçada do preço da energia por uma canetada da presidente quebraram a Eletrobras e desestruturaram o mercado. Sua intervenção na política monetária para derrubar a taxa de juros na marra causou o disparo da inflação. O lema do governo Dilma era "gasto é vida". De tanto gastar sem critério, secou o caixa e recorreu às pedaladas fiscais, que levaram ao processo de *impeachment*, responsável por colocar fim ao seu desastroso governo. Quando Dilma foi enxotada da presidência da República, o Brasil vivia sua pior recessão econômica da história, tinha 13 milhões de desempregados e inflação de dois dígitos pela primeira vez desde 1994. Esse é o verdadeiro legado do PT para o Brasil após 14 anos no poder.

Mas a paixão nacional pelo nacional-estatismo não morre nem mesmo quando a amante arruína a sua vida. O presidente Lula, que criou o esquema de compra de votos no Congresso ("mensalão"), e foi o autor do maior escândalo de corrupção do mundo desvendado pela Lava Jato e acabou preso por esses crimes, elegeu-se presidente da República pela terceira vez em 2022 e renovou a aposta no nacional-estatismo.

Às vezes, a história política do Brasil e da América Latina se assemelha ao realismo mágico da literatura latino-americana. Somos uma nação surreal.

Lula e sua paixão pela cachaça do nacional-estatismo

De volta à presidência da República em 2023, Lula continua a seguir à risca a cartilha do nacional-estatismo. O presidente lançou uma cruzada contra a independência do Banco Central porque acredita que a política de juros tem que se amoldar à vontade do presidente e não aos desígnios do mercado e ao zelo pelas finanças públicas. Lula negligencia sua responsabilidade de cortar gastos públicos; ameaça rever as regras da privatização da Eletrobras, emitindo um claro sinal de que o revisionismo petista menospreza o mercado e os contratos; e se empenhou na aprovação de um decreto que destrói o marco do saneamento para proteger estatais incompetentes da concorrência de mercado, prejudicando a vida de 35 milhões de brasileiros que vivem sem água tratada e 100 milhões que não têm esgoto tratado.

A paixão de Lula pelo nacional-estatismo nos faz lembrar a frase magistral de Roberto Campos: "O PT é um partido de trabalhador que não trabalha, estudantes que não estudam e intelectuais que não pensam". A popularidade do PT está concentrada nos rincões do trabalhador que não trabalha. Em 13 estados brasileiros, existem mais beneficiários do *Bolsa Família* do que trabalhador com carteira assinada; uma média de dois beneficiários para cada trabalhador na economia formal. O PT é também o protetor de parasitas que vivem às custas de cargos públicos os quais gostam de ganhar bem e trabalhar pouco. Mudou a Lei das Estatais para empregá-los nestas e, assim, garantir o pleno emprego para os militantes petistas.

No setor público, a pressão petista contra a reforma administrativa retrata o esforço do governo para penalizar os bons funcionários públicos. Ao defender que os funcionários competentes se submetam aos mesmos critérios de remuneração e de progressão na carreira dos funcionários que não trabalham e infernizam a vida de quem trabalha, o Estado promove duas distorções gigantescas. Primeiro, estabelece um incentivo perverso para desencorajar o bom servidor e premiar o mal, o que reflete na péssima qualidade do serviço público em áreas essenciais como educação, saúde e segurança. Em segundo lugar, retira do brasileiro que produz e trabalha 37% do PIB em tributos para financiar um Estado que tem o maior gasto com pessoal, benefícios e privilégios entre os países emergentes. Somos um país singular no qual a soma da remuneração e dos benefícios do setor público é 60% maior do que os trabalhadores da iniciativa privada.

O PT é também o governo de estudante que não estuda. Quando Dilma Rousseff deixou a presidência da República, quase metade das crianças não estavam devidamente alfabetizadas. Agora, o governo cria problemas para implementar a reforma do Ensino Médio: uma medida fundamental para estancar a evasão de 48% dos jovens deste nível de ensino, expandir o ensino integral, investir no ensino técnico e profissionalizante e modernizar o currículo escolar para adequá-lo à realidade do mundo do emprego e do trabalho.

Além disso, o PT é o partido dos intelectuais que não pensam. Marilena Chauí, a intelectual petista, afirma com orgulho que "odeia a classe média", a camada majoritária da sociedade que preza a ordem, a família, o trabalho e a democracia. Seu ódio revela a crença na cartilha do estatismo, na demonização da liberdade econômica, do mercado e seu horror dos brasileiros que empreendem, trabalham e produzem.

Como dizia Nelson Rodrigues, o nosso grande dramaturgo, "o subdesenvolvimentismo não se improvisa, é obra de séculos." É obra de um país de gente apaixonada pelo nacional-estatismo, pelo populismo e que continua a votar no PT, o partido que vive do atraso, da ignorância, do subdesenvolvimento e da pobreza.

Os verdadeiros inimigos do Brasil

Quando Napoleão III conquistou o poder na França em 1852, Karl Marx descreveu o retorno do bonapartismo como "a história se repete, primeiro como tragédia e depois como farsa." O epítome serve também para classificar a volta de Lula e do PT ao poder em 2022. Após 14 anos na presidência da República, o PT deixou um país esgarçado pela polarização política, dilacerado pela pior recessão econômica da história, com um recorde de desempregados e um gigantesco rombo fiscal que culminou com o *impeachment* da presidente Dilma Rousseff por suas pedaladas fiscais. Foi uma tragédia.

A volta do bonapartismo lulista já tem as sementes de uma farsa. Seu revisionismo histórico pretende sepultar os escândalos de corrupção do PT e tratar o *impeachment* de Dilma como golpismo. Sua visão diplomática consiste em reatar a aliança com ditadores e presidentes populistas latino-americanos e financiá-los com o dinheiro do BNDES. Sua ideia de governabilidade é a velha política de distribuir cargos e verbas públicas para aliciar partidos em troca de apoio no Congresso. Esse comportamento mostra que Lula não aprendeu e não esqueceu nada.

Lula não compreendeu que o "inimigo" não é a direita, a oposição ou o livre mercado. O nosso inimigo é o baixo crescimento econômico que já dura quatro décadas. É a perpetuação de um Estado caro e ineficiente que gera desigualdade social, presta serviço público de péssima qualidade e sustenta uma casta de privilegiados na máquina pública. É o populismo que debilita o funcionamento da democracia e avilta os pilares sagrados do Estado de Direito e das liberdades individuais. É a educação pública de péssima qualidade que destrói a igualdade de oportunidades e trava o crescimento da produtividade. É um país que ignora o seu extraordinário ativo ambiental, o qual pode ser convertido em prosperidade econômica, geração de renda, de emprego e de investimento no mundo da economia de baixo carbono.

Essa combinação desastrosa de burrice (não aprender com os exemplos que deram certo), ignorância (o misticismo ideológico prevalece sobre os fatos e evidências) e paroquialismo eleitoral (perpetuar os vínculos do corporativismo e do clientelismo para ganhar votos) revela que Lula manterá o Brasil alijado do mundo que dá certo e longe das soluções práticas para combater os verdadeiros inimigos do país. O nacional-estatismo turva a visão política de Lula e do seu governo, condena o país ao atraso político, retarda a aprovação das reformas do Estado, compra apoio político no Congresso Nacional com emendas parlamentares e cargos governamentais e mantém os mais pobres confinados no cativeiro de benefícios sociais, eximindo-se da responsabilidade de criar oportunidades para que recuperem sua dignidade, renda e emprego.

Além de viciado no nacional-estatismo, Lula é um representante fidedigno de uma longa linhagem de políticos populistas que vêm, sistematicamente, debilitando a democracia, enfraquecendo o Estado de Direito e usando o poder para cercear as liberdades individuais. Está na hora de compreender os males que o populismo causa ao país.

A farsa do populismo

O populismo é uma epidemia que se manifesta nas democracias doentes. Trata-se de um fenômeno político que surge como força desestabilizadora quando encontra um hospedeiro em uma economia claudicante, democracia debilitada e um governo incapaz de responder às aspirações e dores dos cidadãos. No século 20, líderes populistas surgiram no período entre a Primeira e a Segunda Guerra Mundial, no qual a combinação de crise econômica e incapacidade de

VIRE À DIREITA. SIGA EM FRENTE

governos democráticos de aprovar medidas duras e necessárias para conter os efeitos perversos da crise financeira e suas consequências – como a destruição de negócios e empregos, inflação alta e queda do poder aquisitivo –, geraram uma onda de frustração popular com o sistema político.

O palco estava aberto para a ascensão dos populistas. Benito Mussolini na Itália e Adolf Hitler na Alemanha criaram o manual do líder populista, adotado até hoje por todos os populistas. O primeiro passo é converter a frustração e o ressentimento popular em uma narrativa poderosa que cative as pessoas e as convença de que o líder populista é a única alternativa para resolver os problemas do país e combater os inimigos da nação. No caso dos fascistas e nazistas, os inimigos da nação eram os comunistas, a elite corrupta e os judeus – símbolo da elite financeira que explorava o povo para se enriquecer. Nos Estados Unidos, Donald Trump elegeu os imigrantes (que roubam os empregos dos americanos), a imprensa (que deturpa os fatos e promove *fake news*) e as instituições (como o Legislativo e o Judiciário). No Brasil bolsonarista, o inimigo era a esquerda e os comunistas infiltrados em todos os lugares, destruindo a família, a pátria, a religião e as instituições. No populismo de Lula, o inimigo são os "genocidas" da direita, os "fascistas", os quais buscam destruir a democracia e a elite econômica que quer manter o povo na miséria.

O segundo passo é adotar uma postura política antielitista. O populista é amigo do povo e inimigo das elites. Elas se apoderam das instituições – da imprensa, do mercado, do parlamento e das cortes – para defenderem seus interesses particulares em detrimento do povo. Não se importam com as pessoas comuns, com a classe média ou com os pobres. Vivem nos seus feudos de privilégio, são cosmopolitas, defendem a globalização e, portanto, estão distantes da realidade da comunidade e se mostram incapazes de se solidarizar com as dificuldades, lutas, dores, frustrações e aspirações do cidadão comum. A elite intelectual vive na redoma das universidades de renome e na burocracia dos órgãos internacionais (como o Fundo Monetário Internacional, FMI, e o Banco Mundial). A elite econômica, por sua vez, está entrincheirada no mercado financeiro, nas grandes corporações e nos fóruns internacionais, como o de Davos, na Suíça, onde orquestram negócios e jogadas financeiras que criam riqueza para poucos e pobreza para muitos. Já a elite política domina o parlamento, as cortes e a burocracia do Estado, e usa o poder para frear a vontade popular, a qual é encarnada como ponto central das propostas defendidas pelos líderes populistas.

A postura antielitista é vital para justificar o terceiro e mais importante objetivo de todo governo populista: destruir a democracia e o Estado de Direito, submetendo as instituições aos seus caprichos políticos e pessoais. Como as instituições democráticas são feudos da elite, elas precisam ser repaginadas para representar a vontade popular. Assim, líderes populistas como Hugo Chávez acabam com a imprensa livre

VIRE À DIREITA. SIGA EM FRENTE

e a transformam em veículo de propaganda oficial do governo, aparelham o Judiciário com seus partidários para legitimar os mandos do governo e perseguir os opositores do regime, sepultam as eleições livres e transformam o parlamento em uma instância subordinada aos designíos do líder populista, e contam com o apoio das Forças Armadas para mantê-lo no poder. A democracia deixa de existir.

Os populistas costumam trazer ganhos de curto prazo para conquistar o povo, mas os efeitos de suas políticas são devastadores para o país no médio prazo. Aparelham as instituições com seus partidários e arruínam o Estado com suas políticas intervencionistas, as quais tornam a máquina pública cara, ineficaz e incapaz de prestar serviço público de qualidade. Destroem a confiança nas leis e nas regras do jogo e criam cidadãos mimados e dependentes de favores do governo. Aniquilam o equilíbrio constitucional entre os Poderes e o sistema de freios e contrapeso que limitam o poder do governo e garantem as liberdades individuais. Sem confiança nas leis e nas instituições e com as liberdades individuais tolhidas, a sociedade civil definha e a economia de mercado esvaece. O resultado é a ruína da sociedade e o fim da liberdade. Os efeitos colaterais são a queda do crescimento econômico, da competitividade e da produtividade, inflação e crise social, queda da renda e do poder de compra do cidadão, fuga de capital humano e de investimento e de negócios.

Essa história de tragédias é contada pela destruição da Venezuela na era Hugo Chávez e Nicolas Maduro, pela devastação econômica, política e social da Argentina durante o populismo do casal Néstor e Cristina Kirchner, e pelo mais longo período de estagnação econômica da história do Brasil durante mais de vinte anos de reinado populista petista, que foi brevemente interrompido pelo interregno bolsonarista.

A longa linhagem de populistas no Brasil

O Brasil possui uma longa linhagem de governos populistas responsáveis por arruinar o amadurecimento da democracia, da economia de mercado e da sociedade civil. Getúlio Vargas, o populista que liderou a Revolução de 1930 para dar ao país uma "verdadeira democracia", acabou instituindo a primeira ditadura no país, o Estado Novo, em 1937. A ditadura de Vargas só terminou quando um golpe militar o depôs do poder em 1945. Mas, assim como Lula em 2022, Vargas retornou ao poder por meio do voto em 1951. As velhas ideias getulistas e o uso do poder para perseguir adversários políticos acabou em tragédia. Prestes a ser destituído da presidência da República pela segunda vez pelos militares, Vargas se matou no dia 24 de agosto de 1954. Nem mesmo a presidência do carismático Juscelino Kubitschek foi capaz de sepultar o populismo no Brasil. Em 1960, o povo elegeu um populista de direita, Jânio Quadros, em um surto típico de populista que deseja submeter as instituições aos seus caprichos pessoais, Jânio renunciou à presidência da República alegando que as "forças ocultas" o impediam

VIRE À DIREITA. SIGA EM FRENTE

de governar. As "forças ocultas" eram o Congresso, a Constituição, o Poder Judiciário e a imprensa livre, os quais agiam como freio e contrapeso para conter o voluntarismo do então presidente.

A renúncia de Jânio Quadros entregou o poder para o seu vice-presidente, o populista de esquerda João Goulart. O período conturbado do populismo-trabalhista-sindicalista de João Goulart terminou em 1964, quando um golpe militar o removeu da presidência da República. Foram 21 anos de governos autoritários até a democracia ser reinstituída em 1985 com a eleição de Tancredo Neves para a presidência da República. Infelizmente, Tancredo morreu antes de assumir a presidência. O poder migrou para o seu vice-presidente, José Sarney, um antigo coronel da política que amava o nacional-estatismo e o combinou com uma pitada de políticas populistas responsáveis por levar o país à hiperinflação. A crise econômica abriu caminho para a eleição de outro presidente populista, Fernando Collor de Mello. Conhecido pelo confisco do dinheiro dos brasileiros e por um escândalo de corrupção denunciado pelo seu próprio irmão, Collor sofreu um processo de *impeachment* e foi destituído da presidência da República pelo Congresso Nacional em 1992.

O *impeachment* de Collor abriu o caminho para o governo Itamar Franco e a eleição de Fernando Henrique Cardoso, um dos raros presidentes da República que se dedicou a promover as reformas do Estado e fortalecer a democracia e a economia de mercado. Mas, em 2002, o povo elegeu novamente um presidente populista. Lula venceu a eleição e o populismo petista se perpetuou na presidência até o *impeachment* de Dilma Rousseff em 2016. Após o breve interregno do governo de Michel Temer, o pêndulo da polarização política se moveu para a direita, garantindo a eleição de Jair Bolsonaro em 2018. Em 2022, o pêndulo populista retornou para a esquerda e Lula foi novamente eleito presidente, trazendo consigo as velhas ideias, propostas e políticas desastrosas para o país.

Esses líderes populistas chegaram ao poder por meio do voto. Nós os elegemos. A responsabilidade da escolha é nossa. Toda vez que elegemos um populista estamos votando contra a democracia, a liberdade individual, o Estado de Direito, o crescimento sustentável e o fortalecimento das instituições que limitam o poder do governo e garantem a existência de um Estado eficiente.

Se quisermos colocar o Brasil no caminho da democracia plena, do crescimento econômico sustentável e de um país mais justo, onde a lei seja igual para todos, precisamos deixar de votar como crianças mimadas em busca de um "salvador da pátria" e acreditar em soluções mágicas que só contribuíram para a degeneração do Estado de Direito e da democracia representativa, da economia de mercado e do agravamento das disparidades sociais.

A democracia não sobrevive sem cidadãos responsáveis. E quem vota em populista faz uma escolha irresponsável. Só há um jeito de acabar com o populismo: o voto consciente.

Um breve retrato da ineficiência do Estado brasileiro

O Brasil teve enorme dificuldade de conciliar a liberdade política com a ordem institucional, a ideia do livre mercado com a geração de riqueza, e os princípios do Estado de Direito com a liberdade individual e a igualdade de oportunidade. A nossa história retrata a enorme dificuldade de conciliar esses princípios ao longo de 135 anos de República. Desde a Proclamação da República em 1889, o Brasil teve 19 rebeliões militares, nove governos autoritários, duas ditaduras, doze estados de sítio, seis constituições, quatro presidentes depostos e dois *impeachments* presidenciais. Os dados revelam que ainda teremos muito trabalho para construirmos a democracia plena, o Estado de Direito capaz de garantir o cumprimento das regras do jogo com imparcialidade, limitar o poder do governo e resgatar a confiança dos brasileiros nas instituições que deveriam assegurar a ordem pública, o bom funcionamento da Justiça e os direitos civis fundamentais do cidadão. Já tratei em outro livro as principais medidas que temos de adotar para criar um Estado eficiente[2], mas aqui é preciso pontuar como o Estado caro, ineficiente e capturado pelas corporações mina a segurança jurídica, o crescimento econômico e a confiança nas instituições democráticas.

---

[2] D'AVILA, Luiz Felipe. *Os 10 Mandamentos. Do País que somos para o Brasil que queremos.* São Paulo: Edições 70, 2022.

O Brasil é o recordista de gastos com pessoal, benefícios e aposentadoria entre os países emergentes. Enquanto os países da OCDE consomem, em média 9% do PIB, o Brasil gasta 13% do PIB para custear a máquina pública, os cabides de emprego e a ineficiência do setor público. Essa âncora pesada do Estado ineficiente precisa ser tirada do pé do Brasil que trabalha, produz e empreende. A profissionalização da burocracia tornou-se obrigatória para todos os países que buscam criar regras estáveis, previsibilidade e continuidade de políticas públicas eficazes. Já no Brasil a reforma administrativa ainda sofre resistência de uma classe política que rechaça a criação de uma burocracia profissional, meritocrática e baseada em desempenho porque entende que o clientelismo, as indicações políticas e as ilhas de privilégios da elite do funcionalismo público são importantes ativos político-eleitorais.

No século 19, as duas grandes potências econômicas do mundo, Reino Unido e Estados Unidos, compreenderam que era impossível criar um Estado eficiente com uma burocracia incompetente e dominada pelo clientelismo político, sinecuras e indicações partidárias. Iniciou-se um ciclo virtuoso de reformas para se criar uma burocracia eficiente, profissional, meritocrática e blindada de indicações políticas. O resultado foi o aumento da previsibilidade das decisões governamentais, a continuidade das boas políticas públicas e, consequentemente, aumento da confiança das pessoas nas instituições democráticas. No Brasil, estamos apenas dois séculos atrasados com a reforma administrativa. A turma que vive do clientelismo político não quer largar o osso das indicações políticas e do conluio com o corporativismo; elas se convertem em uma valiosa moeda política para garantir as lealdades e os favores que se convertem em votos nas eleições.

O Brasil é recordista de insegurança jurídica entre as 10 maiores economias do mundo. A má notícia é que, desde 2015, o país vem sistematicamente piorando no *WJP Rule of Law Index*, o que revela a deterioração da confiança nas leis e na Justiça. A constante ingerência do Supremo Tribunal Federal (STF) nas atribuições do Poder Legislativo, o revisionismo periódico de decisões da Corte e a mudança de entendimento da lei podem resultar em penalidades retroativas (como é o caso das questões tributárias) e revelam que "até o passado é incerto no Brasil", como disse o ex-ministro da Fazenda, Pedro Malan. A judicialização no país espelha esse absurdo. No Brasil, o contencioso tributário ultrapassa 70% do PIB, enquanto a média dos países da OCDE é de 0,28%. As decisões monocráticas da Suprema Corte exprimem a sobreposição da opinião particular dos juízes sobre o trabalho sério das instituições que se empenharam arduamente para apurar escândalos de corrupção desvendados pela Lava Jato. O Estado ineficiente denota a corrupção endêmica que desvia recursos públicos para bolsos privados, compromete o funcionamento das instituições e a qualidade do serviço público. A destruição da Lava Jato e a volta ao poder de um governo envolvido com os escândalos de corrupção demonstram que ainda temos muito trabalho para livrar o Brasil desse mal que corrói a credibilidade da democracia e a confiança no Estado de Direito.

LUIZ FELIPE D'AVILA

Somos uma das economias mais fechadas do mundo, de acordo com o Índice da Liberdade Econômica (The Heritage Foundation). O Brasil está na vergonhosa 127ª posição (entre 176 países), ao lado da Nigéria, Angola, Níger e Rússia. O Brasil, ao contrário, ainda se apega ao mercantilismo do século 18 que acredita em reserva de mercado, protecionismo e no protagonismo intervencionista do Estado na economia. Nós ainda não aprendemos que a manutenção da economia fechada compromete a competitividade do país, beneficia empresas ineficientes que vivem às custas do governo, destroem empregos de qualidade, aumenta a desigualdade social, inibe a inovação, desestimula o ganho de produtividade e empobrece a nação. Mas a economia fechada é vital para alimentar os dividendos da parte podre da política, a qual vive às custas do clientelismo político, do conluio com o corporativismo e dos esquemas de corrupção proporcionados pelo patrimonialismo aos pilantras que se apoderam do Estado. A abertura comercial foi responsável pelo crescimento da economia global, redução da pobreza mundial e desenvolvimento dos países emergentes desde a década de 1980.

A segurança pública é uma epidemia nacional, de acordo com o *Ranking* da Organização Mundial da Saúde (OMS). Segurança pública é uma obrigação do Estado, e é um ponto em que estamos falhando brutalmente. O crescimento das organizações criminais e do narcotráfico, os indicadores de homicídio no país, o triunfo da impunidade e da incapacidade de elucidar crimes colocam o Brasil em um nível de insegurança de países em

46

estado de guerra. Se o Estado fosse eficiente na garantia da ordem e da lei, um país com a renda do Brasil deveria figurar entre os 10 países menos violentos nas 20 maiores economias do mundo (G20). Mas estamos longe de atingir essa meta. É verdade que o fracasso na segurança pública não é um fenômeno unicamente brasileiro. A América Latina tem 8% da população mundial e 40% dos homicídios globais[3]. Uma vergonha.

A falta de qualidade da educação pública é um crime que mina a igualdade de oportunidades. A educação pública de qualidade tornou-se o pilar central da geração de igualdade de oportunidade, mobilidade social e ganho de produtividade. A educação focada no aprendizado do aluno, na formação e valorização da carreira do professor e na avaliação da aprendizagem se tornaram padrão perante todos os países que deram um salto qualitativo na educação. No Brasil, essas lições foram ignoradas. Metade das crianças até os 8 anos de idade não está devidamente alfabetizada; 48% dos jovens abandonam o Ensino Médio antes da sua conclusão e, segundo o Programa Internacional de Avaliação de Estudantes (PISA) – um dos principais exames internacionais de avaliação do aprendizado dos jovens –, o Brasil permanece nas últimas colocações no aprendizado de Matemática, Ciência e Linguagem. Por fim, é impossível melhorar a qualidade da educação sem investir na carreira do professor. Não se formam bons professores com cursos de Peda-

---

[3] Disponível em: https://www.estadao.com.br/opiniao/o-custo-da-criminalidade/. Acesso em: abr. 2024.

gogia a distância e sem nenhuma experiência prática de sala de aula. Os cursos de Pedagogia ensinam muita teoria e pouca prática na sala de aula. É um crime colocar um mau professor na sala de aula para formar as nossas crianças e jovens. Hoje, 70% das pessoas que prestam o Exame Nacional do Ensino Médio (Enem) para o curso de Pedagogia tiveram as piores notas no exame.

Infelizmente, o governo do PT tentou frear a reforma do Ensino Médio aprovada no governo Temer que apontava para a direção certa da modernização do currículo, aumento de cursos técnicos e trilhas optativas do conhecimento, como ocorre nos países desenvolvidos. Mas, nos governos petistas, o corporativismo sempre vence a batalha política. A pressão dos sindicatos, da União Nacional dos Estudantes (UNE) e do corporativismo da Educação buscou dinamitar a reforma do Ensino Médio. A direita sensata precisa retomar essa reforma para melhorar a qualidade do ensino e do aprendizado dos jovens.

O Brasil está em uma encruzilhada. Se continuarmos a insistir no caminho do populismo, do nacional-estatismo e do Estado ineficiente, o país permanecerá atolado no baixo crescimento econômico, na disfuncionalidade da democracia e no aumento da pobreza. Mas, se optarmos pelo caminho da democracia plena, da livre economia e do Estado eficiente, podemos então construir um futuro promissor para nós e para as gerações futuras. Felizmente, há exemplos inspiradores do Brasil que dá certo para nos guiar na nossa cruzada por um país melhor e mais livre.

Parte III

O Brasil que dá certo

O agronegócio sustentável
que alimenta o mundo

A esquerda odeia gente empreendedora que se dá bem na livre economia, na qual há muita competição e pouca intervenção do Estado. Não é à toa que Lula chama o agronegócio de "fascista". A riqueza do campo representa tudo o que a esquerda menospreza. Primeiro, o agronegócio tem uma visão global, voltada para a exportação e para a competição no mercado internacional. Responde por ¼ das exportações brasileiras e não quer reserva de mercado para se tornar "campeão nacional" no mercado doméstico e anão no mercado global. O agronegócio pensa grande e atua como um atleta olímpico. Ele quer ser o melhor do mundo e vencedor da medalha de ouro na competição global para alimentar o planeta.

Segundo, o agronegócio compreendeu que ganho de produtividade e de competitividade requer investimento permanente em pesquisa, desenvolvimento e tecnologia. Investimento é fundamental para transformar as vantagens comparativas do agronegócio em um grande ativo no mercado global. O fomento de pesquisas, a troca de conhecimento e de experiência entre empresas privadas, academia, centros de pesquisa de excelência (como a Empresa Brasileira de Pesquisa Agropecuária, Embrapa) e o surgimento de polos de tecnologia voltados ao agronegócio, impulsionou o desenvolvimento de novas sementes, insumos, equipamentos e técnicas que transformaram o Brasil no epicentro do agronegócio tropical. O resultado de conhecimento aplicado na lavoura revolucionou a agropecuária no país. O Brasil deixou de ser importador de alimento em 1990 para se tornar responsável por alimentar 1 bilhão de pessoas no mundo em menos de trinta anos, um feito impressionante que demonstra um ganho de produtividade em torno de 2% ao ano nos últimos quarenta anos! Segundo o Instituto Brasileiro de Geografia e Estatística (IBGE), o PIB do estado do Mato Grosso cresceu 782% desde 1986, enquanto o PIB do Brasil cresceu 73,9% no mesmo período. O forte crescimento econômico do Centro-Oeste se traduziu em melhoria do índice Gini, que mensura o grau de desigualdade social no país. A queda da desigualdade na região levou o Centro-Oeste a atingir níveis no Gini de 0,479, equivalente ao da região mais rica do Brasil, o Sudeste.

O terceiro pilar é a baixa intervenção estatal no mercado e a baixa taxação. O *lobby* do agronegócio conseguiu manter o Estado longe da fazenda, impedindo a intromissão do governo nas decisões de mercado. Se o agronegócio tivesse feito *lobby* para o Estado criar o Instituto Nacional da Soja, o Brasil teria destruído a competitividade da soja brasileira e provavelmente a ineficiência estatal nos transformaria em um país importador deste produto. A pressão política do agronegócio foi também importante para manter a baixa taxação dos produtos e insumos da agropecuária, garantindo a competitividade do setor no comércio internacional. Além da pressão política para manter o Estado longe da fazenda, o agronegócio é um exemplo de cooperação e de colaboração do setor público, privado e do terceiro setor. A criação das cooperativas agrícolas no Paraná, Rio Grande do Sul e São Paulo, por exemplo, beneficiou pequenos e grandes produtores na compra de insumos, no acesso a crédito e na comercialização de grãos. A parceria das universidades públicas (como a Escola Superior de Agronomia Luiz de Queiroz da Universidade de São Paulo, USP) e empresas privadas impulsionou pesquisas e desenvolvimento tecnológico responsáveis por revolucionarem a produção de cana-de-açúcar, de grãos e de pastagens.

O quarto pilar é a sustentabilidade ambiental. O agro tem perfeita consciência de que é preciso combinar competitividade internacional e sustentabilidade ambiental para manter a sua liderança no mercado. A produção de grãos no país está limitada a 7,8% do território brasileiro. Somente as reservas indígenas no país ocupam quase 14% das terras brasileiras, ou seja, o dobro das áreas cultivadas. Nenhum país do mundo trata com tanta generosidade sua população nativa. Se compararmos com outro país de grande dimensão territorial, os Estados Unidos, a área para produção de grãos representa 17,4% do território norte-americano e, as terras indígenas, 2,3%. Mesmo assim, o Brasil ultrapassou os Estados Unidos na exportação de soja, milho, frango *in natura* e carne bovina.

O debate sobre preservação ambiental *versus* produtividade agrícola é dominado por bravatas ideológicas da esquerda e pela defesa de interesses corporativistas dos países desenvolvidos, ignorando a verdade dos fatos e dados – que deveriam balizar as discussões, os debates e as políticas públicas. Portanto, vamos aos fatos.

1) *Qual é o maior país que mais zela pela preservação ambiental do seu território?* Brasil. Sim, somos nós. O Brasil preserva 66% do seu território, enquanto os Estados Unidos apenas 20%. A área agrícola norte-americana ocupa 74% do território (o restante são cidades e desertos); já no Brasil a ocupação de atividades agropecuárias representa apenas 30% do território (7,8% grãos e 21,2% pastagens). Nos Estados Unidos, a área de grãos e pastagens representa 41,3% do território; na China, 55,1%.

2) *Qual é o produtor agrícola que mais preserva o meio ambiente no mundo?* O produtor brasileiro. As áreas de preservação ambiental sob responsabilidade dos fazendeiros representam 25,6% do território nacional. Além de gastar em torno de R$ 20 bilhões/ano para preservar essas áreas,

elas representam em torno de R$ 3 trilhões de capital imobilizado da terra alocada como área de preservação. Esses e outros dados estão no livro *Tons de verde – A sustentabilidade da agricultura no Brasil*, cujo autor é Evaristo de Miranda, da Territorial Embrapa.

Por trás do agro sustentável, está o Código Florestal, uma lei exemplar que balizou o ordenamento do agronegócio e do meio ambiente. O grande articulador da aprovação do Código Florestal no Congresso Nacional foi o deputado Aldo Rebelo, um membro da esquerda inteligente que se conciliou com o mercado. Sua lucidez política o mantém distante do lulopetismo e das barbaridades da esquerda retrógrada. A direita sensata precisa separar o joio do trigo. O reconhecimento do mérito do Código Florestal e do trabalho do deputado Aldo Rabelo retrata a importância da direita sensata em saber separar o joio do trigo na esquerda. O joio (a esquerda chucra do PT e seus asseclas) tentou sabotar a regulamentação do Código Florestal. Foram sete anos de batalhas políticas para superar as dificuldades criadas pela esquerda para concluir a regulamentação do Código Florestal. É o desfavor que a esquerda costuma fazer para postergar a modernização das leis e regras necessárias para dar segurança jurídica ao produtor rural.

O agronegócio é a prova viva de que o Brasil se torna melhor, mais competitivo e produtivo quando é capaz de enfrentar a concorrência saudável do comércio internacional. O grande desafio desse setor da economia é deixar de ser apenas um exportador de produtos primários (soja, carne, milho e café) para se tornar um exportador de produtos de maior valor agregado. Mas o salto do Brasil do agronegócio para agroindústria será discutido no próximo capítulo, no qual apresentaremos as propostas para impulsionar o crescimento do país.

Líder mundial da geração de energia renovável

O Brasil tornou-se líder mundial de geração de energia renovável. Em 2024, quase metade da energia gerada no Brasil advém de fontes renováveis (como hidrelétrica, biomassa, eólica e solar), enquanto a média de energia renovável gerada nos países desenvolvidos é de apenas 15%. No caso de geração de eletricidade, 90% da geração advém de fontes renováveis. Um caso de sucesso mundial.

Esse feito revela algo curioso. Quando o Estado usa a mão pesada para intervir no mercado, limitar a competição e regular a economia, o resultado é a combinação fatídica da deturpação do mercado e a ineficiência atroz do governo, travando o crescimento da economia e o desenvolvimento do país, de modo a limitar o investimento privado na geração, distribuição e transmissão de energia elétrica. Mas quando o Estado deixa o livre mercado funcionar e cria os estímulos corretos para impulsionar o investimento privado, a competição e a inovação, a livre economia responde positivamente.

As duas grandes crises do petróleo em 1973 e 1979 levaram o governo brasileiro a fomentar o etanol como fonte de energia alternativa para reduzir a excessiva dependência do país da importação de petróleo. Em vez de criar uma estatal do álcool para enfrentar o problema, o governo criou um programa, o *Proálcool*, que concedeu recursos subsidiados e incentivos fiscais para o setor privado investir em pesquisa e desenvolvimento a fim de aumentar a produção de etanol no país. O *Proálcool* ajudou a criar carros a álcool, que dominaram o mercado automobilístico desde a década de 1990. Em 2003, foi criado o motor "*flex*," que permite abastecer os carros com gasolina ou etanol. Mas os desdobramentos do programa não se limitaram à indústria automobilística.

A tecnologia permitiu transformar o bagaço de cana em insumo da cogeração de energia. A indústria desenvolveu caldeiras, turbinas e geradores para atender à geração de energia de biomassa. Hoje, o bagaço de cana representa 60% da cogeração de energia no país e 11% da geração da matriz elétrica. Por fim, o desenvolvimento de diversos tipos de cana-de-açúcar permitiu a expansão do plantio de cana para outras regiões, o que contribuiu não só para o Brasil se tornar um dos maiores exportadores de açúcar do mundo como também para a geração de energia limpa e a produção de um combustível renovável.

O mesmo fenômeno ocorreu na geração de energia eólica. Os incentivos fiscais temporários e as tarifas subsidiadas de transmissão de energia estimularam o crescimento vertiginoso dos investimentos privados na geração de energia eólica em 2002. Em seguida, o governo criou os leilões específicos de fonte eólica a partir de 2009. A mistura de incentivos fiscais e a criação de um mercado de energia eólica impulsionou o investimento privado, que trouxe riqueza, emprego e energia para a região Nordeste. Estados como Piauí, Maranhão, Rio Grande do Norte, Pernambuco e Bahia passaram a ser importantes geradores de energia renovável. Hoje a energia eólica já representa em torno de 15% da geração de energia no país.

O investimento privado em energia solar é uma história de sucesso. Em 2012, o Brasil produziu apenas 7 MW de energia solar, mas, onze anos depois (2023), a produção de energia solar saltou para 20 GW. Esse crescimento impressionante gerou quase 900 mil empregos e trouxe mais de R$ 40 bilhões em impostos para os cofres públicos. Com o aumento de produção e queda do preço dos painéis solares, o preço da energia solar caiu quase 90% em onze anos. A geração de energia solar já é a segunda fonte mais importante do país, e perde apenas para a energia hídrica. Hoje, quase 14% da energia gerada no país advém de fonte solar.

É o mercado, a iniciativa privada e o Estado trabalhando em sintonia para superarmos os desafios do Brasil.

PIX promove a inclusão financeira de 70 milhões de brasileiros

O setor financeiro brasileiro é referência para o mundo. Ao ser obrigado a conviver com décadas de inflação alta, os bancos precisaram modernizar os mecanismos de transação, digitalizar processos e inovar.

Aqueles que se acomodaram no período inflacionário porque ganhavam dinheiro fácil emprestando recursos para o Tesouro Nacional quebraram assim que o Plano Real acabou com a inflação no país. Na década de 1990, o Brasil promoveu a maior reestruturação do sistema financeiro da história, coordenada por um Banco Central forte e independente de pressão política. Centenas de bancos grandes e pequenos, privados e estatais foram liquidados, vendidos ou absorvidos por bancos sólidos. O Banco Central teve um papel exemplar desde 1995 como fiscal do sistema financeiro. O Brasil nunca mais teve crises bancárias, como ocorre com certa frequência em países como os Estados Unidos. Sua atuação como garantidor da estabilidade do setor financeiro permitiu a existência de uma competição saudável de mercado.

Os bancos brasileiros tiveram de competir com estrangeiros que entraram no mercado nacional. Além do aumento da concorrência, precisaram enfrentar novos competidores, como bancos de investimento, *hedge funds* e *fintechs*. A competição de mercado impulsionou várias inovações de produtos financeiros, mas uma parte significativa da população permanecia excluída do sistema bancário. Pessoas mais pobres, que viviam em regiões distantes de cidades e de agências bancárias, tinham enorme dificuldade para receber, pagar e enviar recursos.

A criação do PIX pelo Banco Central em 2020 possibilitou a inclusão bancária de mais de 70 milhões de brasileiros. O PIX é um eficiente e seguro sistema de pagamento instantâneo que teve um papel central em derrubar os custos das transações bancárias, aumentar a concorrência de meios de pagamento e permitir que todos os brasileiros – mesmo aqueles que não têm conta em banco – possam pagar, receber e transferir recursos por meio do telefone celular. Em três anos de existência, os brasileiros realizaram 66 bilhões de transações financeiras e movimentaram em torno de 30 trilhões de reais.

O próximo passo da inovação financeira é o DREX, a versão digital da nossa moeda, o Real. O DREX vai agilizar "transações financeiras seguras com ativos digitais e contratos inteligentes"[1]. Assim como o PIX, essa moeda digital vai ajudar a reduzir custos de transações financeiras e aumentar a segurança de ativos, cujas transações serão liquidadas no Banco Central. Além de conectar diversos ativos digitais em uma única plataforma, as pessoas poderão comprar e vender ativos financeiros por meio do celular e criar uma carteira de produtos digitais, possibilitando a realização de transações de contratos e a comercialização de dados.

O PIX pode servir para promovermos outra inovação importante. Ele poderia se transformar na identidade digital do brasileiro. Imagine um único documento digital capaz de reunir todas as informações do cidadão, como título do eleitor, informações sobre saúde, benefícios, aposentadoria e outros. A criação de uma identidade digital aumentaria a segurança dos dados, reduziria a burocracia e ajudaria a resolver as demandas do cidadão em um único canal. O PIX pode ser o melhor instrumento para promover o governo digital.

---

[1] Disponível em: https://www.bcb.gov.br/estabilidadefinanceira/drex. Acesso em: abr. 2024.

As ilhas de excelência na educação e na produção de conhecimento

O que cidades como Sobral (Ceará), Coruripe (Alagoas) e São Caetano do Sul (São Paulo) têm em comum? Elas têm os melhores índices de avaliação do ensino básico (Ideb) e são destaques de excelência na educação básica. A fórmula do sucesso dessas cidades consiste em ter foco absoluto na alfabetização plena das crianças, realizar avaliação periódica dos alunos para averiguar se estão aprendendo o conteúdo da idade/série escolar, ter firmado o compromisso do diretor da escola com a boa gestão e com aprendizado do aluno, buscar o envolvimento da família com a escola e o aprendizado dos filhos, e valorizar os bons professores. Em todas as escolas de excelência, os alunos lembram com carinho dos professores que transformaram a sua vida, responsáveis por despertar o interesse de uma matéria, a curiosidade pelo conhecimento e o prazer do estudo e do aprendizado.

O grande desafio é o Ensino Médio, no qual a baixa qualidade do aprendizado, adicionado ao abandono de quase metade dos jovens da escola antes da conclusão do curso, retrata o desastre da educação no Brasil. Felizmente, alguns estados – como São Paulo, Paraná e Minas Gerais –, vêm enfrentando o problema e se esforçando para formar professores ao investir na escola de tempo integral de qualidade e aumentar a oferta de cursos profissionalizantes para os alunos. A escola precisa dar sentido à vida dos jovens e lhes proporcionar esperança de que estão aprendendo algo útil para a sua trajetória profissional e para o seu desenvolvimento pessoal.

Esse fio de esperança é justamente o que motiva os jovens talentosos a buscarem a sua formação superior nas raras ilhas de excelência na produção de conhecimento e na propagação do saber, como é o caso do Instituto de Matemática Pura e Aplicada (IMPA), Instituto de Tecnologia da Aeronáutica (ITA) e a Escola Superior de Agricultura Luiz de Queiroz da Universidade de São Paulo (Esalq). Graças a essas instituições de renome na produção de conhecimento e de gente talentosa, o Brasil conseguiu produzir celeiros de excelência em tecnologia (como o Porto Digital em Recife e os polos tecnológicos em Florianópolis e São José dos Campos), liderança em pesquisa e desenvolvimento em agricultura tropical (Esalq e *startups* de *agrotech* em Piracicaba), bem como ser o organizador da maior Olimpíada de Matemática do mundo em todas as escolas públicas do país (IMPA).

No Porto Digital, os empreendedores de tecnologia trabalham numa variedade de projetos que compreendem parcerias com gigantes de renome internacional, como Google e Apple, e com lançamento de *startups* de sucesso. Seu faturamento anual é de 5 bilhões de reais e contam com quase 20 mil colaboradores. Em Florianópolis, o polo de tecnologia teve um avanço extraordinário nos últimos anos e já representa mais de 6% do PIB do estado, ultrapassando a indústria do turismo em Santa Catarina. Em São José dos Campos, o

ITA vem produzindo uma geração de empreendedores em tecnologia. Tornou-se o epicentro de robótica e a sede da nossa maior empresa de aviação, a Empresa Brasileira de Aviação (Embraer), que é uma das líderes mundiais na produção de aviões de médio porte e jatos executivos. Em Piracicaba, as parcerias entre professores, pesquisadores e alunos da Esalq com o investimento privado criaram um dos mais inovadores polos do agronegócio brasileiro. A maioria das empresas ligadas ao agronegócio tem parcerias com *startups* nesse verdadeiro Vale do Silício do *agrotech*. A Raízen, umas das gigantes do setor, mudou a sua sede para Piracicaba para estar mais perto do epicentro da inovação. No Rio de Janeiro, o IMPA vem formando uma geração de gente brilhante, como Artur Avila, vencedor da medalha Fields – equivalente ao prêmio Nobel de Matemática. As parcerias do IMPA com empresas vêm ajudando a desenvolver soluções inovadoras para grandes companhias pública e privada.

A pergunta intrigante é como instituições do porte de ITA, IMPA e Esalq conseguiram escapar do lodo da mediocridade que devorou as universidades públicas? A resposta está na sua obsessão pelo zelo da produção de excelência acadêmica e da criação de uma governança inteligente capaz de blindá-las do aparelhamento político. Essas ilhas de primor acadêmico trabalham em parceria com o setor privado, estabelecem convênios internacionais com as melhores universidades do mundo e zelam pelo rigor absoluto na defesa da meritocracia e da excelência acadêmica. Não existe concessão para a mediocridade em nome da "justiça social." As instituições de excelência acadêmica não foram contaminadas pela combinação trágica de mediocridade acadêmica, militância política de esquerda e celeiro do corporativismo estatal que infestaram a maioria das universidades públicas do país. Por isso, o Brasil não possui nenhuma universidade pública entre as cinquenta melhores do mundo. Uma lástima.

Se os governos esquerdistas não atrapalhassem a vida dos acadêmicos e dos jovens talentosos que desejam empreender, o Brasil poderia se tornar um dos epicentros do empreendedorismo mundial em áreas promissoras como tecnologia, agronegócio, bioeconomia e energia renovável. Mas a esquerda padece de um mal incurável: a ânsia de controlar o mercado, limitar a liberdade em nome da igualdade e doutrinar as mentes com sua ideologia marxista nas escolas e universidades, que condenam o país ao baixo crescimento econômico, ao atraso tecnológico e à produção marginal de conhecimento. Para livrar o Brasil desses males, a direita sensata precisa convencer os eleitores de que há uma alternativa viável ao receituário desastroso da esquerda retrógrada e da direita chucra.

As favelas movimentam uma economia de 180 bilhões de reais

Se existe um lugar onde o empreendedorismo e a livre economia funcionam no Brasil, este lugar é a favela. É na favela que as pessoas deparam com a ineficiência do Estado ao conviver com a falta de segurança, saneamento básico, iluminação pública, ensino de qualidade, saúde e transporte. Como as pessoas não podem contar com o Estado, ninguém espera nada do governo. Cada um tem de se virar para suprir as suas necessidades e cuidar da sua vida. Essa realidade despertou os dois sentimentos vitais para fazer a livre economia florescer: a confiança na comunidade e o espírito empreendedor. O primeiro se manifesta no senso de solidariedade, cooperação e colaboração que existe na comunidade; o segundo é fruto da necessidade de lutar para sobreviver. Não é por outra razão que 76% das pessoas que vivem nas favelas já empreenderam, estão empreendendo ou desejam empreender. Segundo os dados do Instituto Locomotiva, a economia das favelas é maior do que vinte estados da federação. Estima-se que a economia das favelas movimenta em torno de 180 bilhões de reais em um universo de 17 milhões de pessoas[2].

A profusão de empreendedores nas favelas se manifesta na música e na cultura, na criação de instituições financeiras, na moda e em uma miríade de pequenos empresários que tocam seus negócios. A economia de mercado não funciona sem confiança, cooperação e colaboração. A liberdade de escolha só existe quando as trocas voluntárias são regidas pela confiança nas pessoas e a livre entrada de competidores do mercado para garantir o aumento da oferta de bens, serviços e produtos. Essas trocas voluntárias baseadas na confiança, na

---

[2] Disponível em: https://ilocomotiva.com.br/estudos/. Acesso em: abr. 2024.

cooperação e na reputação das pessoas são tão naturais que sequer damos o devido valor a elas no nosso cotidiano. Compramos pão na padaria, fruta e verdura na quitanda e um par de tênis na loja porque acreditamos na boa fé do padeiro que produziu o pão, na procedência das frutas e verduras do comerciante e na qualidade da marca do par de tênis que escolhemos. Não existe contrato, burocracia ou governo intermediando essas trocas voluntárias que fazemos todos os dias.

O nosso desafio é sepultar o nacional-estatismo para que a livre economia possa florescer no país e os empreendedores possam ser o motor da inovação e da geração de novos negócios, empregos e oportunidades.

Parte IV

Propostas para unir a Direita sensata

A direita sensata precisa se unir em torno de uma agenda mínima para colocar o Brasil no caminho do crescimento econômico sustentável; da defesa implacável das liberdades individuais, da democracia e do Estado de Direito; e da criação de um Estado eficiente que não atrapalhe o país que produz, trabalha e empreende. A agenda mínima compreende cinco eixos fundamentais:

1) Desenvolver a liderança do Brasil na economia de baixo carbono e dobrar a aposta no agronegócio.
2) Promover a abertura econômica.
3) Exterminar o câncer do nacional-estatismo que criou o país dos privilégios, da corrupção e da ineficiência do Estado que fomenta o populismo e debilita a democracia.
4) Erradicar a pobreza extrema e garantir a igualdade de oportunidades.
5) Colocar a Educação básica entre as vinte melhores do mundo.

LUIZ FELIPE D'AVILA

A direita sensata precisa resgatar a agenda ambiental das mãos da esquerda

O mundo elegeu a descarbonização da economia como a grande prioridade do século 21. Deus nos deu uma natureza exuberante, que pode ser convertida em investimento, renda e prosperidade, capaz de nos tirar de quatro décadas de baixo crescimento econômico. Esse objetivo só poderá ser atingido se o Brasil se reconciliar com os princípios do livre mercado.

A agenda ambiental foi sequestrada pela esquerda; o resultado foi um fracasso retumbante. A preocupação genuína com a preservação da natureza sempre foi uma bandeira da direita. O primeiro governo a tratar o tema como prioridade política foi o de Margaret Thatcher, no Reino Unido, durante a década de 1980. Naquela época, a esquerda não se importava com o meio ambiente; ela só pensava em fazer greve, defender os interesses do corporativismo estatal e atacar as reformas que visavam a privatização das estatais, a abertura da economia e a redução do Estado ineficiente que sufocava as pessoas que trabalham, produzem e empreendem com uma carga cada vez maior de impostos, regulação governamental e intervenção estatal. Quando a esquerda percebeu que o seu discurso antimercado e a favor do Estado intervencionista havia se transformado em uma coleção de derrotas eleitorais, ela descobriu a bandeira do meio ambiente para repaginar a sua narrativa política.

De repente, os esquerdistas trocaram o botequim, o cigarro e o chope pelo amor incondicional à natureza.

Mas a verdade é que a esquerda nunca se preocupou com o meio ambiente: ela apenas descobriu que a agenda ambiental era perfeita para repaginar o seu discurso contra a economia de mercado e criticar a ganância dos empresários e a sociedade de consumo que querem destruir a natureza para enriquecer e aumentar o lucro das suas empresas. A esquerda contou com vários aliados no governo, na academia, no terceiro setor e na imprensa para a construção de uma narrativa sobre o risco da destruição do meio ambiente e do planeta.

A combinação de politização do tema, sensacionalismo midiático e militância científica que produziu "estudos" com dados alarmantes, causou pânico em vez de estimular discussões sensatas sobre os reais problemas ambientais. Esses "estudos" contribuíram para a formulação de políticas públicas caras e ineficazes, como vem sendo retratado incansavelmente pelo cientista político Bjorn Lomborg, do Consenso de Copenhague. Os países gastaram bilhões de dólares e assumiram metas inatingíveis de redução de emissão de gases de efeito estufa quando podiam ter atacado questões prementes que teriam causado muito mais impacto na preservação do meio ambiente e na redução da pobreza[1].

Bjorn Lomborg resume o dilema político em uma questão crucial: é preferível gastar US$ 180 bilhões para reduzir a temperatura do planeta em 1 ou 2 graus Celsius ou utilizar metade desse recurso para assegu-

---

[1] Disponível em: https://copenhagenconsensus.com/halftime. Acesso em: abr. 2024.

rar água potável, saneamento básico, combate à malária e à desinteria? Para responder a essa questão, Lomborg reuniu cinco Prêmios Nobel de Economia e pediu para que calculassem o retorno social de cada dólar investido. Enquanto o gasto e as metas determinadas pelos países nas conferências internacionais (COP) produzem resultados frustrantes e de baixo impacto, o retorno social e ambiental do combate à malária ou a garantia de saneamento é 10 a 30 vezes maior por dólar investido nessas ações.

Militância ideológica nunca é um bom guia para balizar metas governamentais e políticas públicas efetivas. A discussão ambiental ficou poluída por narrativas ideológicas responsáveis por distanciar as nações da construção de soluções factíveis, políticas eficazes e metas realistas para enfrentarmos os desafios prementes do meio ambiente que afetam o planeta. O fracasso da política ambiental da esquerda é fruto da sua paralisia ideológica e da sua paixão pelos dogmas marxistas que impossibilitam pensar soluções inovadoras que envolvam o livre mercado, a sociedade civil e a comunidade internacional.

O Brasil pode se tornar uma potência ambiental e um exemplo para o mundo ao adotar políticas que combinem crescimento econômico e sustentabilidade ambiental para se tornar o primeiro país entre as 10 maiores economias do mundo a ser carbono zero. A resistência ideológica petista não permite transformar a política ambiental na alavanca da atração de investimento privado, geração de emprego, desenvolvimento regional, crescimento da produção de energia limpa, bioeconomia e agricultura sustentável.

Para os petistas, o mercado sempre é o problema e nunca a solução. Na arcaica visão da esquerda, mercado e capitalismo são os vilões que destroem a natureza. Por isso, meio ambiente melhor é sinônimo de atividade econômica restringida. Mas a visão limitada da direita chucra é igualmente grave. Ela acredita que o progresso se faz apenas com a destruição da natureza. Neste caso, é apenas mercado, sem que seja dada a devida importância ao meio ambiente.

O meio ambiente deve ser a grande bandeira política da direita sensata. Somente a direita será capaz de conciliar a preservação do meio ambiente com crescimento econômico sustentável por meio de soluções inovadoras de mercado. Este é o caminho para unirmos a sociedade em torno do esforço comum para enfrentar o problema que se tornou o grande desafio do nosso tempo.

Em 2019, as principais potências econômicas do planeta decidiram adotar uma meta ambiciosa de se tornarem carbono neutro em 2050. A sinalização de países como Estados Unidos, Japão, China e nações da Comunidade Europeia serviu para mobilizar o setor privado e o livre mercado em torno desse objetivo. O desafio de equilibrar as emissões de carbono e a fixação deste na natureza mobilizou o mercado de capitais. As regras de investimento privado impostas pelos critérios de governança ambiental, social e corporativa (conhecida pela sigla ESG, do inglês *Environmental, Social, and Governance*) englobam nada menos do que metade de todo capital de investimento no mercado, algo em torno de 50 trilhões de dólares. Nenhum governo criou esses critérios: foi o próprio mercado que definiu as regras para balizar os investimentos privados.

Superpotência mundial na economia de baixo carbono: como transformar árvore em dinheiro

O programa ambiental da direita sensata consiste em conciliar o mercado com o meio ambiente. Ele é baseado em quatro pilares: aumento do investimento em energia limpa e renovável; replantio de árvores e florestas em pequenas propriedades e áreas degradadas; segurança jurídica no cumprimento de contratos; e investimento na bioeconomia e na agricultura sustentável. Como já tratamos do tema da energia renovável no capítulo acima, vamos focar a atenção nos outros três pilares.

O Brasil pode capturar metade do carbono emitido no mundo plantando árvores. A silvicultura pode ocupar os milhões de hectares de terra degradada, que é imprestável para a lavoura, mas serve para o plantio de árvores e reconstrução de florestas nativas, o que contribuiria muito para a descarbonização da economia. Por isso, o principal programa deve ser a transformação do plantio de florestas em fonte de investimento, renda e emprego. O país tem 5 milhões de propriedades rurais de pequeno porte. Empregando as tecnologias já existentes, especialmente o Certificado Ambiental Rural (CAR), ferramenta de controle e certificação por satélite, uma nova realidade legal será criada. Donos de pequenas propriedades que assinarem contratos de longo prazo para reflorestar e manter a floresta em pé vão receber dinheiro para investir.

Na fase inicial do programa serão investidos 15 bilhões de reais em até um milhão de propriedades. Um mínimo de três milhões de empregos serão criados muito rapidamente. Assim, manter a floresta em pé será mais lucrativo do que destruí-la. O economista José Alexandre Scheinkman calculou que, se o mercado remunerar 15 dólares por tonelada a captura de carbono, o desmatamento no Brasil cessaria imediatamente e criaria um incentivo financeiro para voltar a se plantar floresta[2]. Mas a transformação de investimento em renda, emprego e desmatamento líquido zero depende da segurança jurídica; isto é, instrumentos legais que permitem cumprimento, verificação e certificação de contratos entre entes privados. Foi justamente a confiança em contratos a responsável por permitir o Brasil promover uma verdadeira revolução na geração de energia limpa, como hidrelétrica, biomassa, eólica e solar. A mesma lógica precisa se aplicar ao mercado de carbono.

O começo de tudo são metas nacionais rigorosas para carbono neutro, com datas e cronogramas. A primeira meta é o compromisso de desmatamento líquido zero até 2030 para garantir a combinação de mercado cres-

---

[2] SCHEINKMAN, José Alexandre *et al. Carbon prices and forest preservation over space and time in the Brazilian Amazon*. 10 de abril de 2023. Disponível em: https://papers.ssrn.com/sol3/papers.cfm?abstract_id=4414217. Acesso em: abr. 2024.

cente e ambiente preservado. Com metas críveis, segurança jurídica e um ousado programa de plantio de árvores e florestas, o Brasil pode se tornar o mercado mais atrativo do mundo para investimentos privados sustentáveis (ESG). O valor global de investimento sustentável privado no mundo é estimado em torno de 40 trilhões de dólares, valor vinte vezes maior que o PIB do Brasil.

E por que os investidores internacionais despejariam um caminhão de dinheiro no Brasil? Por duas razões elementares. Primeira, o Brasil pode capturar metade do carbono emitido no mundo. Isto significa que o planeta não atingirá as metas de redução de carbono sem a cooperação do país. Segunda, não existe mercado mais promissor do que o Brasil – tanto pelo seu tamanho como pelo retorno do valor do investimento em ativos sustentáveis. Além do retorno ambiental, haverá um enorme ganho social sobre o capital investido. Os grandes beneficiários dos investimentos sustentáveis serão justamente os estados mais pobres, as áreas degradadas e a população de baixa renda.

O Brasil é a superpotência global da economia de baixo carbono. O setor privado já mostrou que, quando o mercado funciona, os investimentos fluem para o país. A transformação do setor energético é prova de que, quando o mercado funciona e o governo não atrapalha muito, o investimento flui em larga escala, como mostrou o apetite do capital privado para investimentos em energia solar, eólica, biomassa e novas matrizes, como hidrogênio verde. Mas a maior prova do "ganha, ganha" é a pujança do agronegócio brasileiro.

Dobrar a aposta no agronegócio

A esquerda adora tratar o agronegócio como uma seita de "fascistas" e "reacionários." Esta animosidade revela que o setor mais produtivo da economia e responsável por 25% do PIB não se rende aos encantos do discurso incoerente da esquerda. No país dos "latifundiários" (como a esquerda gosta de rotular os produtores) temos um dos agronegócios mais competitivos do mundo que garante alimento barato para os brasileiros.

A direita sensata precisa defender o agronegócio. Ele é vital para a retomada do crescimento econômico sustentável e para o aumento das exportações de produtos de maior valor agregado. O agronegócio tem de continuar a sua trajetória de ganho de produtividade na lavoura e na pecuária para garantir a sua liderança e protagonismo na comercialização dos principais produtos que o mundo é comprador, como soja, milho, cana-de-açúcar, café, arroz e carne. O investimento na rastreabilidade dos produtos da lavoura e da pecuária é essencial para assegurar sua origem e controle de qualidade e acabar com o mito de que os produtos exportados advêm de áreas desmatadas ilegalmente.

A diversificação de produtos é crucial para o futuro do agronegócio. Para o Brasil manter a sua liderança no agronegócio global, será preciso focar no ganho de produtividade e na diversificação de produtos de maior valor agregado. O Brasil tem enorme potencial para se tornar um grande exportador de castanha, macadâmia e frutas. Precisamos criar outros polos de produção de frutas voltados para a exportação, como é o exemplo da cidade de Petrolina, no sertão de Pernambuco. A exploração sustentável da bioeconomia na Amazônia Verde, como biogás a partir do biometano e a transformação de subprodutos da lavoura – como caroço de fruta – em carvão vegetal, bioplástico e fertilizante de alto valor agregado, tem enorme potencial de crescimento. A expansão de produtos de fermentação, como nossos espumantes, sucos, doces e xaropes, é outra vocação pouco desenvolvida. Com a redução dos produtos derivados de petróleo, haverá uma enorme expansão para o desenvolvimento de novas fibras, compósitos e energéticos. Na pecuária, há enorme oportunidade para diversificarmos e produzirmos carne por meio de reprodução celular.

A profusão de inovação e diversificação de produtos e o ganho de produtividade do agronegócio revelam a importância da competição de mercado e o destemor de concorrer no comércio internacional. O crescimento extraordinário do agronegócio nas últimas quatro décadas é fruto de um setor capaz de competir no comércio internacional; é a prova viva de que a abertura econômica é vital para o Brasil voltar a crescer e prosperar.

A preocupação com o meio ambiente só se tornou um tema prioritário quando a produtividade agrícola cresceu de tal forma que fomos capazes de reduzir drasticamente a área plantada e se preocupar com florestas e matas. Em 1961, era preciso utilizar 82% das terras agriculturáveis do planeta para alimentar a população mundial. Em 2023, utilizamos em torno de 30% das terras agriculturáveis. Sobrou muita área para preservar ou replantar matas e florestas. Se o mundo ainda utilizasse 80% das terras para plantar e fornecer proteína para o mundo, o custo da preservação do planeta seria um alimento mais caro e mais fome – algo impensável de contar com o apoio da sociedade em uma nação democrática. Em resumo: o ganho extraordinário de produtividade do agronegócio permitiu ao mundo cuidar do meio ambiente. E esse ganho de produtividade só ocorreu no Brasil porque o agronegócio nunca teve medo de enfrentar o mercado global e competir no comércio internacional.

Sem abertura econômica, não haverá crescimento sustentável

A esquerda atrasou o Brasil com sua política econômica estatizante, inspirada nas teorias do nacional-estatismo. Aumentou a ingerência do Estado na economia, criou empresas estatais, concebeu regras, tarifas e exigências burocráticas que reduziram a competição de mercado, aumentaram os custos de transação e reduziram a eficiência da economia. O resultado foi a perda de produtividade e competitividade da economia e a incapacidade de rompermos a barreira de um país de renda média e nos tornarmos uma nação rica.

A direita chucra também tem grande parcela de culpa no retrocesso econômico. Seu nacionalismo econômico criou reserva de mercado, drenou a competitividade e a produtividade do setor privado ao criar empresas dependentes de favores estatais, subsídios governamentais e ajuda do Estado para sobreviver. Em nome da defesa do "interesse nacional", o governo subsidiou durante décadas empresas ineficientes e incapazes de competir no comércio global. Perdemos a chance de revolucionar a produção, importar tecnologia de ponta e modernizar leis e regras capazes de melhorar o ambiente de negócio no Brasil.

A visão de mercado está diretamente correlacionada à visão de Estado. Os defensores do nacional-estatismo acreditam que o livre mercado é um mal necessário que precisa ser vigiado, regulado e tutelado pelo Estado. Sem a intervenção do Estado no mercado, a ganância individual, a imoralidade do lucro e a exploração do trabalhador pelo empregador produziria uma sociedade ainda mais injusta e desigual. É a velha tese marxista da exploração dos pobres pelos ricos, do proletariado pela burguesia, o que justifica cercear a liberdade individual, aumentar a intromissão do Estado no mercado e justificá-la em nome da preservação do "bem comum", cuja ideia central é a máxima de que o Estado sabe o que é bom para você.

Na economia de mercado, o Estado tem um papel importante, mas limitado. Seu propósito é garantir o respeito aos contratos e à propriedade privada, assegurar a previsibilidade das regras do jogo, combater a impunidade e agir como árbitro para manter a livre entrada de competidores no mercado, de modo a evitar a criação de monopólios que sufocam a concorrência saudável. Foi justamente a estabilidade das regras do jogo, a competição de mercado, a confiança nos acordos das trocas voluntárias e a relativa paz no mundo que permitiu a rápida expansão do comércio internacional após a queda do Muro de Berlim em 1989.

Graças à abertura econômica, a criação das cadeias globais de valor e o aumento da interdependência da economia internacional, o mundo viveu um dos maiores ciclos de aumento de prosperidade, inovação e redução de pobreza. O resultado da integração da economia global foi espetacular, principalmente para os países emergentes. Segundo o relatório de 2023 da Organização Mundial do Comércio (OMC), a extrema pobreza caiu de 40% da população global para 8,4%. A riqueza aumentou a qualidade de serviços públicos e a expectativa de vida, que saltou de 64 para 73 anos, enquanto o analfabetismo caiu de 25,7% para 13%. Os países que relutaram a abrir a sua economia retrocederam. Perderam mercado e oportunidade de atrair investimento, inovar, criar e melhorar a vida das pessoas.

O Fraser Institute[3], que mensura o grau de liberdade econômica das nações, revela a enorme discrepância de riqueza e de desigualdade entre os países onde há maior abertura econômica e aqueles que mantêm uma economia fechada. O PIB *per capita* dos países que lideram o *ranking* dessa instituição é 7 vezes maior do que as nações que estão no quartil das economias menos livres. Já a miséria é 16 vezes maior. Infelizmente, o Brasil está nessa categoria, graças às políticas da esquerda retrógrada e da direita chucra.

---

[3] Disponível em: https://www.fraserinstitute.org/studies/economic-freedom. Acesso em: abr. 2024.

Metade da diferença da renda entre países ricos e o Brasil decorre da diferença da produtividade, isto é, acesso à mão de obra qualificada e capital, melhores tecnologias e competição saudável de mercado que elimina as empresas ineficientes. A combinação formidável de democracia, abertura comercial e Estado de Direito provocou uma revolução econômica e social na Europa a partir do século 19. A renda dos mais pobres subiu, em termos reais, 3000% desde 1800. Foi a classe social que mais se beneficiou da geração de riqueza e da criação de um Estado eficiente que presta serviço público de qualidade.

A fórmula para um país permanecer pobre consiste em manter a economia fechada, cultivar o Estado intervencionista que cria oligopólios, sufoca a concorrência de mercado e concentra renda, poder e privilégios nas mãos de uma pequena elite extrativista. A fórmula para um país ficar rico consiste em promover a abertura econômica, o livre mercado e o investimento na educação pública de qualidade para garantir igualdade de oportunidades e o triunfo do talento. Nenhum país do mundo se tornou rico mantendo a sua economia fechada e participando de maneira tímida do comércio internacional.

A esquerda adora combater a abertura comercial e atacá-la como um mecanismo que só beneficia as elites e prejudica os mais pobres. Esse argumento falacioso ignora o fato de que a abertura comercial foi um vetor fundamental para derrubar preços de bens e produtos e manter a inflação baixa durante três décadas,

VIRE À DIREITA. SIGA EM FRENTE

além de tirar um número recorde de pessoas da extrema pobreza. Segundo o economista Douglas Irwin, a extrema pobreza recuou no mundo de 42% em 1981 para 8,6% em 2018[4].

A abertura econômica é vital para uma nação estimular o empreendedorismo, valorizar a livre concorrência e permitir que as pessoas talentosas colham os frutos do seu sucesso e contribuam para melhorar a vida da maioria da sociedade. Como o Brasil é um país onde o Estado foi capturado pelas corporações e os principais partidos políticos acolhem as ideias retrógradas do nacional-estatismo que a esquerda retrógrada e a direita louvam, vamos ter de lutar para promover a abertura unilateral da economia. Derrubaremos barreiras tarifárias e não tarifárias que englobem bens e serviços, reformaremos a antiquada legislação tributária que trava a geração de empregos formais e mantém o alto índice de informalidade; e criaremos regras estáveis e previsíveis para garantir o cumprimento de contratos e da segurança jurídica para os investidores. O avanço das reformas microeconômicas é imprescindível para promovermos a abertura econômica e assegurar que o Brasil inaugure um ciclo promissor de crescimento sustentável.

Sem crescimento sustentável, não seremos capazes de acabar com uma das nossas piores chagas: a pobreza extrema.

---

[4] Disponível em: https://www.piie.com/blogs/realtime-economic-issues-watch/globalization-enabled-nearly-all-countries-grow-richer-recent. Acesso em: abr. 2024.

Acabar com a pobreza extrema: uma missão que a esquerda fracassou

A esquerda retrógrada nunca vai acabar com a pobreza. Seu objetivo não é acabar com a pobreza, mas viciar os pobres no assistencialismo do Estado para conquistar votos. Uma vez no poder, a esquerda ignora os pobres e se torna defensora dos interesses do corporativismo. O economista Ricardo Paes de Barros, uma das maiores autoridades do país em programas sociais, revela esse disparate. Enquanto o gasto social no Brasil representa 25% do PIB, os programas focados nos mais pobres não chegam a 1% do PIB; "se pegarmos apenas 1% do PIB e dermos aos 15% mais pobres do Brasil, vamos dobrar a renda deles"[5]. Mas a caridade do Estado não acaba com a pobreza. As políticas de caridade da esquerda fracassaram em acabar com a pobreza extrema. Cabe à direita sensata assumir o compromisso com a nação de erradicar a pobreza extrema em quatro anos.

Um plano audacioso e com metas claras e objetivas para erradicar a pobreza é fundamental para o êxito político da direita sensata. Primeiro, revelaria a incompetência da esquerda em erradicá-la e mostraria que a "indústria da pobreza" – programas sociais inócuos, burocracia do assistencialismo social e manutenção da dependência dos pobres da ajuda governamental – é o maior cabo eleitoral da esquerda retrógrada. Se a direita

---

[5] BARROS, Ricardo Barros de. Entrevista ao jornal *Folha de São Paulo*. Edição de 6 de outubro de 2021, página A20.

acabar com a pobreza extrema, a esquerda retrógrada será destruída nas urnas. Segundo, a erradicação da pobreza acabará com o discurso mentiroso da esquerda de que a direita não se importa com os mais pobres. Terceiro, permitirá à direita acabar com a indústria da pobreza e com os sanguessugas do corporativismo estatal e da esquerda retrógrada, que sobrevivem politicamente da exploração da miséria e da manutenção dos pobres nos currais do assistencialismo estatal.

O fracasso das políticas de combate à pobreza da esquerda é fruto de três problemas. O primeiro é a ausência da focalização dos programas e a inexistência de critérios de avaliação do seu impacto. O governo despeja dinheiro em programas sem metas claras e objetivas que podem ser cobradas pela sociedade. Países como Canadá, Reino Unido e Nova Zelândia criaram programas específicos para reduzir a pobreza e estabeleceram metas nacionais. No Brasil, a esquerda tem pavor de se comprometer com metas. Existem bons indicadores nacionais, como a Pesquisa Nacional por Amostra de Domicílios (PNAD) trimestral, que podem ser usados para estabelecer metas de redução anual de pobreza. A literatura acadêmica mostra que a maneira mais eficaz de combater a extrema pobreza é focar na redução da pobreza infantil. Nossa primeira meta é erradicar a pobreza extrema nos lares onde há crianças.

O segundo problema tem a ver com o Estado ineficiente. Boa parte dos recursos para combater a pobreza é desperdiçado com o financiamento da burocracia estatal que gerencia os programas voltados para os mais pobres. O *Bolsa Família*, o melhor programa social que o PT votou contra quando lançado pelo governo Fernando Henrique, tem como virtude a transferência direta dos recursos para os pobres sem intermediação política do corporativismo estatal e dos partidos políticos. Esse é o modelo a ser seguido: transferir renda para o bolso dos mais pobres sem a intermediação dos políticos e burocratas e sem condicionantes de como os recursos devem ser empregados. Cada um deve usar o dinheiro como bem entender; é assim que se criam cidadãos responsáveis em vez de crianças mimadas e dependentes do assistencialismo estatal. O economista Marcos Lisboa afirma que, se todos os recursos públicos gastos com os mais pobres se convertessem em programas de transferência direta de renda (como é o caso do *Bolsa Família*), o impacto seria 12 vezes maior do que o programa concebido pelo governo: "por trás de um pobre, existe uma legião de interesses e de burocratas que não têm nada a ver com o pobre"[6]. Vamos acabar com a legião de sanguessugas do Estado que vivem da indústria da pobreza e colocar mais recursos no bolso dos mais pobres.

O terceiro é a incapacidade de a esquerda criar uma porta de saída dos programas sociais. Os fãs de Marx querem o pobre dependente do Estado. Por acreditar na responsabilização do indivíduo pelas suas escolhas,

---

[6] Entrevista de Marcos Lisboa ao programa "Panorama", do Brasil Paralelo. Disponível em: https://youtu.be/z3TiWlflLHs?si=8HgytjHzav5Vu2mt. Acesso em: abr. 2024.

VIRE À DIREITA. SIGA EM FRENTE

entendemos que o sucesso dos programas de combate à pobreza deveria ter como meta o número de pessoas que deixaram a extrema pobreza e não voltaram a cair na vala da miséria. Os programas deveriam contemplar metas de curto e médio prazo. A primeira (meta de três anos) focaria em dar renda e ajuda mínima para tirá-los da extrema pobreza. Já as metas de médio prazo (dez anos) mensurariam o percentual de pessoas que não voltaram para a pobreza extrema. É fundamental criar cursos de capacitação técnica e profissional para que as pessoas possam conseguir emprego e programas de microcrédito a fim de que tenham assistência técnica e recursos financeiros no intuito de empreender e começar seu pequeno negócio. O melhor programa social para tirar as pessoas da pobreza é a criação de emprego ou do próprio negócio.

A direita sensata não pode deixar a esquerda monopolizar o debate sobre o combate à pobreza. Precisamos reviver ideias e propostas de pensadores liberais, como John Stuart Mill, no século 19, e Milton Friedman no século 20, que propuseram programas de renda mínima para os mais pobres muito antes de a esquerda endossá-la como projeto de sua autoria. Enquanto a direita entende que a transferência de renda para os mais pobres deve ser feita sem a intermediação dos burocratas e políticos, a esquerda acredita que cidadãos inocentes precisam da proteção do despotismo do Estado assistencial para conceber programas desenhados por burocratas e intermediado por políticos a fim de combater a pobreza.

Como transformar a Educação de qualidade em realidade

A educação pública de qualidade é vital para proporcionar a ascensão social, o aumento de produtividade da força de trabalho e a igualdade de oportunidades. Ela tem um papel central na formação do capital humano, no fomento do crescimento econômico e na geração de emprego na era do conhecimento. Sem educação de qualidade, não seremos capazes de superar a "armadilha da renda média" que condena o país ao baixo crescimento econômico e aos péssimos indicadores de desenvolvimento humano.

O Brasil tem as prioridades invertidas. Gastamos muito com a educação universitária e pouco com a educação básica. Os números trágicos da educação básica revelam a necessidade imperiosa de elegê-la como prioridade. Não podemos aceitar um ensino básico que produz 54% de crianças analfabetas e quase metade dos jovens que abandonam o Ensino Médio. Mas prioridade precisa ser traduzida em metas e prazos. O Brasil tem de estar entre os 20 melhores países do mundo em 7 anos no exame internacional do PISA, que avalia o conhecimento de linguagem, matemática e ciências dos jovens do Ensino Médio. A meta só será atingida se focarmos nas reais prioridades da educação básica.

A primeira é a alfabetização plena das crianças. Se as crianças não estiverem devidamente alfabetizadas, perderão o interesse pelo estudo e a curiosidade pelo aprendizado. A erradicação do analfabetismo é factível.

Existe método, material didático e treinamento para professores que possibilitaram cidades no Ceará, em Minas Gerais e São Paulo a atingirem níveis de alfabetização plena das crianças. Temos de replicar os exemplos de sucesso para alfabetizar plenamente todas as crianças do Brasil.

A segunda prioridade é a expansão dos cursos técnicos e profissionalizantes para reter jovens no Ensino Médio e permitir que aprendam algo que tenha conexão direta com o mundo profissional e as demandas de emprego do setor privado. O empreendedorismo também deveria ser ensinado na escola. Assim como as faculdades oferecem oportunidades em "empresas juniores" para os jovens desenvolverem suas habilidades empreendedoras, as escolas deveriam promover programas similares que estimulem os jovens a desenvolver o seu talento empreendedor. O empreendedorismo é um dos grandes ativos para as pessoas se tornarem donas do seu destino, agir como cidadãos conscientes e deixarem de se comportar como vítimas da sociedade e dependentes do Estado.

A melhoria da qualidade do ensino depende de bons professores e de uma carga horária maior de aulas na escola. A expansão do ensino integral em todos os níveis é fundamental. Estudos acadêmicos mostram o impacto positivo do ensino integral no aprendizado do aluno, na criação do vínculo do professor com a escola e na queda das taxas de abandono de alunos. Felizmente, vários estados estão trabalhando para expandir a escola de tempo integral, como São Paulo, Espírito Santo e Paraná, e têm mostrado melhoria significativa nos indicadores de aprendizado nessas escolas.

A terceira prioridade é investir na formação de professores e na valorização da carreira do magistério. Não existe mudança transformacional na educação sem bons professores. Por isso, precisamos promover uma revolução na carreira do professor para atrair jovens talentosos. Esta revolução compreende mudança radical no processo de seleção, na grade do curso de Pedagogia e na valorização dos bons professores. Primeiro, precisamos seguir o exemplo dos países que têm educação básica de excelência e permitir apenas que os alunos com as melhores notas do processo seletivo (Enem) possam ingressar nesse curso. Segundo, é urgente mudar a grade do curso de Pedagogia, que oferece muitas horas de aula teórica e poucas horas de aula prática. Por isso, temos de abolir cursos de Pedagogia de educação a distância (EAD); trata-se de um crime deixar um professor entrar na sala de aula sem nenhuma experiência prática de como se dá uma aula! Terceiro, só serão efetivados na rede pública os bons professores que passaram por treinamento prático em sala de aula e tiverem notas altas nas avaliações de desempenho durante o período probatório de três anos.

Todos os alunos se lembram das aulas inesquecíveis de um bom professor. Os bons mestres despertam a curiosidade intelectual dos alunos, desenvolvem o pensamento crítico e a inteligência emocional das crianças e jovens. Seus ensinamentos ajudam a consolidar a formação de valores e de cidadãos responsáveis que prezam pela pluralidade de ideias e pela diversidade de opinião. Infelizmente, bons professores tornaram-se raridade nas escolas públicas e privadas. Daí a necessidade imperiosa de voltarmos a atrair gente boa e talentosa para essa nobre profissão.

A agenda mínima aqui proposta permitirá à direita sensata retomar a liderança de pautas que a esquerda monopolizou (educação e combate à pobreza), sequestrou (meio ambiente e sustentabilidade) e sabotou (o bom funcionamento da economia de mercado e do Estado eficiente). Mas a implementação dessa agenda mínima não depende apenas de liderança política e gestão pública eficiente: ela resulta da nossa capacidade de conquistar os corações e as mentes do eleitorado. Infelizmente, a direita menosprezou a importância da guerra cultural como meio para defender os valores e as crenças que foram determinantes para o sucesso da democracia, do Estado de Direito e da economia de mercado.

Se quisermos vencer a esquerda nas urnas, precisamos ganhar a batalha das narrativas. Por isso, é fundamental entender os valores que ditam suas crenças e suas ações.

Parte V

A importância dos valores para vencer a guerra cultural

A esquerda sempre compreendeu a importância da guerra cultural para conquistar o poder. É por meio da cultura, das artes e do ensino que ela doutrina jovens, ganha apoiadores e conquista eleitores. A direita, por sua vez, acreditou que as maravilhas da liberdade e da democracia que sepultaram o absolutismo; os frutos do progresso e da prosperidade gerados pela economia de mercado; e o triunfo do mérito e do esforço individual, que permitiram a realização pessoal e a mobilidade social, são tão evidentes que os fatos haveriam de falar mais alto que a doutrinação educacional, cultural e política da esquerda. Mas não foi isso que aconteceu.

A esquerda vem vencendo a batalha cultural. A liberdade tem sido cerceada em nome da igualdade; as "injustiças" da economia de mercado precisam ser combatidas com os remédios do Estado do Bem-Estar Social; a desigualdade social tem de ser enfrentada com a ingerência crescente do governo que impõe regras, leis e regulações para limitar as escolhas privadas, o empreendedorismo e a competição saudável. O resultado é o Estado ineficiente, o capitalismo do compadrio e a diminuição da liberdade. Essa combinação nefasta contribuiu para frear o crescimento econômico e concentrar poder e privilégios nas mãos de uma oligarquia, que vive de favores do governo e fomenta o imobilismo social. A combinação de um longo período de baixo crescimento econômico e imobilismo social gera frustração e ressentimento – os dois combustíveis responsáveis por alimentar a polarização política, a eleição de populistas e a degeneração da democracia.

Não bastam boas propostas e bons propósitos para se vencer a guerra cultural. Primeiro, é preciso compreender como a esquerda pensa e age para minar a liberdade, a democracia e o Estado de Direito. Em seguida, temos de resgatar a fé e a convicção nos valores fundamentais da liberdade e mostrar, por meio do discurso e da ação, que vamos lutar para restituí-los.

Marxismo ou a filosofia dos ressentidos e dos fracassados

Ser de esquerda é um estado de espírito de pessoas de mal com a vida. Você já conheceu um esquerdista de bem com a vida? Eu não. Desde a época de estudante, convivi com muitos colegas de esquerda e sempre me chamou atenção uma característica de suas personalidades: a insatisfação com a vida e com o mundo. Ser de esquerda é um estado de espírito; é a filosofia dos derrotados, angustiados e frustrados. Após o primeiro chope, surge o rancor do sucesso dos vencedores, aqueles que conquistaram o poder, enriqueceram competindo na economia de mercado ou se tornaram famosos por meio do seu talento. No segundo copo de chope, desponta o ressentimento pessoal. Odeiam a sociedade por não ter reconhecido (e remunerado) devidamente a sua "genialidade" e o seu talento. Todo ganho é injusto, baseado na exploração dos outros e na competição desleal. A vida é um jogo de soma zero: o ganho de um é a perda do outro. Afirmam que o sistema é viciado e as escolhas pessoais não interferem na situação de cada um. A função do Estado é evitar a perpetuação dessas injustiças, confiscando a riqueza dos bem-sucedidos, derrubando os poderosos do seu pedestal e impondo a ditadura da mediocridade. Enquanto essa redenção não chega, se esgoelam no mantra "nada é culpa minha, só perdi porque um herdeiro preguiçoso ganhou."

Para o esquerdista a culpa sempre é dos outros!

Jean Jacques Rousseau, provavelmente o mais hipócrita de todos os filósofos do século 18, dizia que "o homem nasce livre, mas está em todo lugar acorrentado." Segundo ele, nascemos livres, mas somos acorrentados pelo sistema econômico, pelas convenções sociais, pela religião, pela política, pelos costumes e pelas leis feitas pelos poderosos para nos dominar e explorar. Não podemos exercer a nossa liberdade plena numa sociedade que nos acorrenta em desejos da família, expectativas da comunidade e obrigações cívicas impostas pelo Estado. Na lógica rousseauniana, o que os outros querem e esperam de nós não é necessariamente o melhor para nós mesmos. Por isso, podemos sempre culpar os outros pelos nossos infortúnios. Eles são frutos das imposições políticas, econômicas, sociais e morais que nos impedem de viver plenamente a nossa liberdade.

O paradoxo de Rousseau é o seguinte: a liberdade é o valor supremo, mas não existe liberdade em uma sociedade que nos acorrenta nas suas regras, costumes e conveniências. Um dia, caminhando em torno do lago perto da sua casa na Suíça, Rousseau teve uma epifania. A verdadeira liberdade está em alinhar os nossos desejos com a vontade do Estado. Quando elas estão desalinhadas é porque nós não temos plena consciência do que é melhor para nós.

O Estado vai ditar o que é bom para o cidadão e, se ele não estiver de acordo, vai ter de obedecer na marra porque o governo sabe o que é melhor para você e para o bem comum. Essa é a verdadeira liberdade para Rousseau! Deixe de ser vítima da sociedade, da família, da Igreja, e seja uma pessoa livre alinhando o seu desejo ao desejo do Estado em uma perfeita comunhão!

Liberdade é servir voluntariamente o Estado e ser feliz desempenhando o seu papel de serviçal do governo. A coerção do Estado é vital para induzir o cidadão a apreciar a verdadeira liberdade. Não é à toa que Rousseau é o ídolo de todos os populistas, ditadores e esquerdistas do mundo!

Karl Marx e a teoria esquerdista de que você trabalha para pagar a minha conta

O principal pensador da esquerda, Karl Marx, foi a perfeita encarnação do vitimismo. Ele destilava ódio e rancor contra os capitalistas porque viveu sempre endividado e com problemas financeiros. Sua principal fonte de renda não era fruto do seu trabalho, mas do seu amigo rico, Friedrich Engels, que o sustentava. Marx extorquiu constantemente sua família e, como todo "gênio" esquerdista, tinha plena convicção de que seus familiares e amigos tinham o dever de trabalhar para sustentá-lo, para que ele pudesse se dedicar exclusivamente aos seus escritos. Assim, estariam contribuindo para o bem-estar da humanidade e financiando as grandes ideias que iam revolucionar o mundo. Mas o pai de Marx não se sensibilizou com essa visão vigarista da realidade. Ele costumava dizer que "o egoísmo é a característica predominante" do seu filho Karl.

Como o capitalismo e a burguesia não se dobraram ao talento de Marx, ele resolveu trabalhar para destruí-los. Uma sociedade indigna de reconhecer os seus méritos é injusta e perversa e, portanto, merece ser destruída. O "Dom Quixote do comunismo" era um poço de contradições. O homem que defendeu a revolução do proletariado era um pequeno burguês rabugento; o intelectual que escreveu sobre o capital nunca teve um centavo no bolso; e o agitador político responsável por mobilizar os trabalhadores nunca trabalhou.

Esse herói da esquerda continua a inspirar os esquerdistas de hoje. Assim como Marx, o esquerdista é um sujeito que está sempre em busca de alguém para pagar a sua conta, seja um amigo, empresa, universidade ou governo. "Justiça social" é tirar o dinheiro do seu bolso e colocar no bolso dele e, para não parecer egoísta como Karl Marx, acrescente a frase "para ajudar os mais pobres." Aí todo confisco do seu dinheiro, propriedade ou lucro torna-se moralmente justificável.

Agora que você entendeu o modo de pensar e de atuar de um esquerdista, fique esperto. Cada vez que a esquerda está no poder, prepare o seu bolso para mais um assalto do Estado. "Justiça social" é sinônimo de taxar mais quem trabalha para sustentar aqueles que não trabalham.

Ser socialista é perpetuar a pobreza aumentando o tamanho do Estado

O comunismo é o caminho mais curto para um país se tornar pobre. Toda vez que o seu esforço pessoal e o seu ganho são confiscados pelo Estado, criamos um desincentivo para competir, produzir, inovar, arriscar e trabalhar duro. O comunismo produz uma sociedade de parasitas do Estado. Ninguém quer trabalhar para sustentar aqueles que não trabalham. A mediocridade se instala, a produtividade despenca, e a ineficiência do planejamento estatal arruína a alocação de recurso, trabalho e investimento. O resultado é o empobrecimento coletivo da sociedade.

No comunismo, a função do proletariado era trabalhar para sustentar o Exército, a polícia secreta e a elite do partido comunista, que vivia confortavelmente em mansões do Estado, tomando os melhores vinhos do mundo e usufruindo dos privilégios concedidos pelo governo. Aliás, o único jeito de ficar rico em um país comunista é pertencer à elite do partido comunista, que extorque o proletariado para sustentar os seus privilégios e preservar o "bem comum."

O maior inimigo do socialismo é a geração de riqueza. Se a pessoa começa a melhorar de vida, ela se transforma em "burguesa." Um burguês é defensor da propriedade privada e da democracia liberal; ele é empreendedor e crítico do Estado controlador dos meios de produção e apoiador das liberdades individuais, do poder limitado do governo e das leis de mercado como referência do que se deve produzir e consumir.

Enquanto os comunistas precisam de miséria, ignorância e tutela do Estado para se manter no poder e pregar o discurso de vítimas do sistema e do mercado, o capitalismo necessita de liberdade, competição e conhecimento para criar, inovar e prosperar. No comunismo, o poder de decisão econômico é monopólio do Estado; no capitalismo, quem decide é o consumidor. O socialismo perpetuou a miséria, o capitalismo gerou riqueza e prosperidade. O comunismo é um sistema tão antinatural ao desejo de liberdade do indivíduo que foi necessário criar um Estado policialesco, campo de trabalho forçado, prisão política, polícia secreta para o regime político conter o instinto humano de querer progredir, prosperar, melhorar de vida e, claro, a vontade de fugir dos países socialistas e migrar para as democracias.

No fim, a utopia comunista perdeu a batalha para a realidade. O colapso econômico acelerou o fim dos regimes comunistas após a queda do Muro de Berlim, em 1989.

Marxistas perderam a batalha econômica e política

Mikhail Gorbachev foi o primeiro político comunista da antiga União Soviética a admitir publicamente que era preciso reformar a economia, abrir gradualmente o mercado e reestruturar a política para o seu país progredir, crescer e ser capaz de sobreviver como uma das superpotências do século 20. Mas o estalo de sensatez de Gorbachev chegou tarde demais. O comunismo havia apodrecido de tal maneira a sociedade que, quando ele começou a reformar o país, a casa caiu. O comunismo desabou e a União Soviética desapareceu do mapa pouco tempo depois da queda do Muro de Berlim.

Durante 44 anos (1945-1989), o mundo esteve dividido entre democracias e países comunistas. As democracias prosperaram e enriqueceram porque cultivaram a liberdade, a competição de mercado, o espírito empreendedor e a meritocracia: aqueles que trabalhavam duro e tinham sucesso nas suas atividades profissionais ficavam com uma parcela importante do seu ganho – seja dinheiro, poder ou fama. Os regimes comunistas no Leste europeu só sobreviviam por causa da mão de ferro do Exército soviético, que garantiu a soberania dos ditadores apoiados por Moscou. Mas quando Gorbachev anunciou que os exércitos soviéticos não dariam mais apoio militar aos ditadores comunistas, o Muro de Berlim, que dividia a Alemanha livre e democrática da Alemanha totalitária e comunista, foi derrubado por milhares de manifestantes, em novembro de 1989. Em poucos meses, as ditaduras comunistas dos países do Leste europeu foram varridas do mapa por levantes populares. Sem o apoio do Exército soviético para manter os ditadores no poder, o povo recuperou a sua liberdade, sepultou o comunismo e criou governos democráticos.

Liberdade vicia. Os povos que experimentaram o gosto da liberdade jamais esquecem as maravilhas de viver em um país onde é possível se expressar, rezar, criar, empreender e fazer livremente suas próprias escolhas sem a tutela do Estado. Em quase meio século de ditadura comunista, o sonho de todos os povos do Leste europeu era recuperar a sua liberdade.

O comunismo, que, nos devaneios de Marx, seria o estágio final da revolução espontânea do povo contra a classe dominante para se criar uma sociedade "democrática", nunca aconteceu em países onde reinou a liberdade. Foi preciso impor o regime da força, usar a polícia secreta e o Exército, a máquina de repressão do Estado para prender, torturar e matar milhares de pessoas que sonhavam com a liberdade para manter as ditaduras comunistas no poder.

A utopia comunista produziu ditaduras e pobreza, já o socialismo, que moldou o Estado assistencial após a Segunda Guerra Mundial, foi capaz de conciliar a democracia com o intervencionismo estatal. O resultado foi a explosão do tamanho do Estado; ele sufocou a economia de mercado, inibiu o empreendedorismo e criou uma leva de parasitas que passaram a viver às custas do Estado.

Cada vez que a esquerda está no poder, prepare o seu bolso: você vai ser assaltado!

Os discípulos de Marx têm algo em comum com o mestre: odeiam trabalhar. Trabalho é coisa para operário, empreendedor e gente esquisita que gosta de dar duro para produzir bens e serviços e se tornar serviçal do mercado, do dinheiro e do lucro. Socialista gosta de viver do Estado, da estabilidade do emprego público e das regalias do funcionalismo estatal. Por isso, quanto mais poderoso e intervencionista o Estado for, melhor para os esquerdistas. Eles se tornam mais poderosos na condução do Estado, mais cortejados pelo mercado e têm mais emprego para eles e para seus aliados políticos no governo.

O truque para aumentar o tamanho do Estado é sempre o mesmo: denuncie um problema, culpe o mercado e os capitalistas e diga que a solução é chamar o governo para resolvê-lo. Criam-se, então, órgãos estatais, expande-se o poder da burocracia governamental, aprovam-se novas regulações, leis e restrições, e aumenta-

-se o poder do governo para intervir na economia, na política, na área social e, até mesmo, nas escolhas individuais. Os socialistas utilizam o mesmo argumento de Rousseau do século 18 para justificar o aumento da intervenção do Estado: "é para o seu bem que o Estado está intervindo na sua liberdade. O governo sabe o que é bom para você."

Essa "benevolência" do Estado tem um custo gigantesco para a sociedade. Perdemos cada vez mais uma parcela da nossa liberdade individual, da nossa autonomia de escolha e da saudável competição de mercado. O socialismo vicia o cidadão nas benesses do Estado. O empresário demanda mais proteção, subsídio e reserva de mercado; a classe média quer mais benefícios, saúde pública, educação e lazer gratuitos; os mais pobres não se importam de viver da mesada do Estado e de programas sociais e renunciar à procura por emprego e da dignidade de viver do seu trabalho.

A dependência da sociedade do Estado denota o aumento assustador do gasto público em todo o mundo. Nos Estados Unidos, que se orgulha de ser um país capitalista, o gasto do Estado em percentual do PIB saltou de 13% em 1950 para 46% em 2020. No Reino Unido, o berço do liberalismo econômico, pulou de 33% para 50% no mesmo período. A França, o país europeu mais viciado em Estado, o gasto do Estado catapultou de 24% para 62%.

O vício pelo Estado afetou particularmente os países emergentes. O gasto público aumentou muito, mas a qualidade do serviço público continuou precária, contribuindo para a corrosão de igualdade de oportunidade. No Brasil, o gasto do Estado em relação ao PIB também cresceu. Em 1950, representava 15% do PIB; em 2020, 43%. Na Argentina, saltou de 11% para 41%. Na Colômbia passou de 5% para 33%. No Chile, país que abraçou o liberalismo econômico, o gasto subiu de 15% do PIB para 29% em 2020.

Esses números mostram uma tendência preocupante. As pessoas que trabalham, empreendem e produzem estão cada vez mais vendo o seu ganho migrar do seu bolso para os cofres do governo. Isso significa que os esquerdistas estão cada vez mais ávidos para sequestrar o dinheiro de quem trabalha para sustentar aqueles que não trabalham e vivem dos benefícios do Estado.

Parte VI

O mínimo que você precisa saber sobre a História do Brasil para não cair nas armadilhas da esquerda e votar de maneira consciente

Desde Marx, a esquerda compreendeu que a principal guerra pela conquista das mentes e dos corações é travada no âmbito cultural, isto é, nas artes, nas escolas e universidades e no uso da narrativa como arma política de comunicação de massa. A batalha cultural é o principal campo de doutrinação política. O objetivo é destruir a credibilidade dos "valores burgueses", que servem como justificativa para as "classes dominantes" monopolizarem o poder, oprimirem o povo e criarem instituições para legitimar o seu mando.

A esquerda adora distorcer a História do Brasil e encaixá-la na ótica marxista de uma eterna luta de classes. Os "mocinhos" são os oprimidos e os "vilões", a elite. Os atos heroicos são levantes populares contra "as classes dominantes" e os governantes que desejam manter as pessoas debaixo da chibata. O sistema político, econômico e social foi concebido para manter o monopólio do poder nas mãos da classe dominante, de modo a perpetuar a desigualdade e as injustiças sociais.

O cultivo de uma visão rasa, ideológica e deformada da História perpetrada pela esquerda colaborou para criarmos uma imagem distorcida do conceito de nação, isto é, dos valores, crenças, mitos, cultura, costumes, língua e religião que forjaram a identidade nacional. Por isso, preste atenção: quando seu filho, neto ou sobrinho chegar em casa vestindo camisa do Che Guevara e falando em "exploração da classe dominante" ou nas "injustiças sociais causadas pelo capitalismo", ele está doente e precisa de ajuda. O vírus marxista é transmitido por maus professores na escola e por gente "descolada" que adora incutir nos jovens o sentimento de culpa pelas mazelas sociais do país. Para curar a pobre criatura do vírus marxista, é preciso enfrentar os mitos que intoxicam os corações e mentes das vítimas.

As instituições exprimem as crenças, valores e a cultura da nação, por isso, é fundamental compreendermos o que é preciso preservar e o que temos de mudar para evoluir e prosperar. Quais são os aspectos da nossa cultura, costumes e tradições que temos de honrar e preservar e quais são aqueles que temos de mudar para o país avançar? Quais são as crenças e os valores que nos ajudam a progredir e quais são aqueles responsáveis por nos manter ancorados ao passado que não faz mais sentido?

A formação da nação brasileira e a farsa do identitarismo e do politicamente correto

A esquerda adora dizer que "a colonização portuguesa é responsável pelo atraso do país." Esse bordão é útil para atacar os valores, tradições e instituições europeias que moldaram o Ocidente e a História do Brasil. Mas, quando a realidade histórica não se enquadra na "realidade" dos dogmas marxistas, resta a crítica ácida e a mentira para denegrir a imagem das instituições e dos personagens políticos responsáveis por promover mudanças transformadoras na sociedade. Como explicar, por exemplo, o legado positivo de uma colonização que nos deixou um feito único na América Latina: a unidade territorial de um país continental e a união de um povo em torno da língua portuguesa e dos valores cristãos? Trata-se de um feito extraordinário.

A descoberta do Brasil em 1500 lançou um desafio gigantesco para a Coroa portuguesa: como manter a unidade da imensidão territorial do país e evitar que parte do território fosse invadido e dominado por franceses, ingleses, holandeses e espanhóis durante três séculos de colonização? Era uma missão impossível, se pensarmos em termos de recursos. Não havia dinheiro, Marinha, soldados, burocratas em Portugal capazes de defender milhares de quilômetros de costa, organizar o governo da colônia, manter a ordem e fazer cumprir leis e decretos reais. Tampouco os conhecimentos europeus de cultivo da terra poderiam ser empregados na realidade tropical. Só havia um jeito de lidar com os desafios do território, a defesa da colônia e a luta pela sobrevivência em um mundo tão novo e inóspito para o europeu: mesclar-se com os nativos, conviver com eles e aprender com os indígenas como sobreviver e explorar as riquezas locais do Brasil. A cordialidade e a cooperação se transformaram em elementos essenciais para moldar o tecido social do Brasil colonial.

Os navegantes e degradados portugueses se converteram em aliados dos indígenas ao adotarem seus costumes, participarem de seus rituais e lutarem guerras contra tribos inimigas. É o caso do navegante português Diogo Álvares Correia. Rebatizado como Caramuru ao desembarcar na Bahia em 1510, casou-se com a filha do cacique e se transformou em um dos líderes do grupo, destacando-se por sua liderança nas guerras com tribos rivais. Em São Paulo, João Ramalho aliou-se a Tibiriçá cacique Tupiniquim, casou-se com uma de suas filhas, Bartira, e criou uma poderosa aliança para defender a vila de Piratininga (São Paulo), participar das guerras dos Tupiniquins contra tribos inimigas (escravizando indígenas derrotados) e aproximar os portugueses dos indígenas.

Ao contrário do que ocorreu nas colônias espanholas na América Latina, nas quais espanhóis exterminaram as populações nativas, no Brasil a integração dos portugueses, indígenas e, mais tarde, os negros foi uma experiência única, criando a miscigenação de raças, costumes e hábitos que moldou a criação da nação brasileira, seus costumes, crenças e tradições. O historiador Jorge Caldeira ressalta a importância dessa miscigenação para a formação da nação brasileira e do nosso espírito empreendedor. O costume indígena determina que o casamento de filhos e filhas deve ser consumado com pessoas de fora da oca. Esse hábito facilitou o casamento de índias com portugueses, mas "para merecer uma filha de chefe, o noivo deveria ser capaz de trazer progresso para todo o grupo – algo que os objetos de ferro ajudavam muito a se materializar"[1]. Objetos de ferro eram armas.

Outro "dote" que os portugueses traziam para a tribo era o conhecimento aplicado de guerra. As alianças com outros grupos eram seladas pelo matrimônio, e fortaleciam as "relações familiares e políticas se mesclavam para aumentar a concentração de poder"[2]. Essas alianças permitiram o povo colonial – índios, bandeirantes e tropeiros – a guerrear, desbravar territórios, engajar-se no comércio de escravos indígenas, produtos agrícolas, ferro, pau-brasil e prata advinda do Peru. Não havia Estado, lei ou corte regulando essas atividades: o comércio ocorria entre entes privados sem a intromissão do Estado ou do governo. O dinamismo do comércio local não era inexpressivo, como bem descreveu Jorge Caldeira no seu fantástico livro *O Banqueiro do Sertão*, que narra a saga do padre Guilherme Pompeu de Almeida, dono de uma fortuna construída no comércio colonial.

A Coroa portuguesa se interessava apenas pelo pau-brasil e um pouco de açúcar que começou a ser produzido no país no início do século 17. O restante do comércio doméstico no sertão acontecia à revelia do Estado, do governo e da lei, os quais eram inexistentes nesse período:

---

[1] CALDEIRA, Jorge. *História da riqueza no Brasil*. Cinco séculos de pessoas, costumes e governos. Rio de Janeiro: Estação Brasil; GMT Editores, 2017. p. 33.

[2] CALDEIRA, Jorge. *História da riqueza no Brasil*. Cinco séculos de pessoas, costumes e governos. Rio de Janeiro: Estação Brasil; GMT Editores2017. p. 27.

em 1607, a produção exportável ainda estava sendo organizada, as receitas brasileiras representavam apenas 5% do total arrecadado do vasto império português. Em 1681, as receitas tributárias extraídas do Brasil representavam metade de toda a arrecadação do império português[3].

Esse salto expressivo da receita se deu com a expansão dos engenhos de açúcar no Nordeste brasileiro. O Brasil tornou-se o grande produtor de uma *commodity* muito desejada na Europa. Portugal começou a se interessar pelo Brasil e a organizar uma governança mínima para extrair os tesouros da sua colônia.

A divisão das capitanias era um arranjo precário para controlar a produção de açúcar na costa brasileira, mas o sertão continuava a ser o território do livre comércio e do escambo entre índios, bandeirantes e aventureiros corajosos. A escravidão indígena era o principal espólio de guerras e conflitos com tribos inimigas. Esse arranjo beneficiava tanto os portugueses, que obtinham mão de obra necessária para trabalhos na colônia, como também as tribos indígenas amigas, que contavam com o apoio dos portugueses para lutar em seus conflitos intertribais.

A ausência de um governo central forte criou condições para os bandeirantes conquistarem novos territórios e implementar uma eficiente governança local. A mescla de índios, caboclos e padres jesuítas em um arranjo de

---

[3] CALDEIRA, Jorge. *História da riqueza no Brasil*. Cinco séculos de pessoas, costumes e governos. Rio de Janeiro: Estação Brasil; GMT Editores, 2017. p. 102.

costumes, regras e tradições foi moldando língua, hábitos e crenças da nação brasileira. Assim, forjaram-se alianças e acordos, guerras e confrontos, regras e costumes – como eleições periódicas em várias vilas – para preservar a ordem, a paz e a harmonia social. A introdução dos valores cristãos pelos jesuítas que habitavam as vilas (como São Paulo) colaborou muito para a catequização dos índios e sua conversão ao catolicismo.

A religião católica teve um papel fundamental no fortalecimento dos laços familiares e sociais, na criação do senso de dever e responsabilidade com a família estendida e com a comunidade, na fundação de obras de caridade e na formação moral e intelectual das crianças e jovens por meio do ensino e de suas escolas. Os padres jesuítas, como o padre José de Anchieta, denunciavam abusos de autoridade, protegiam os índios, condenavam a violência e imprimiram uma moralidade comum. A pressão dos jesuítas foi fundamental para acabar com a escravidão indígena e substituí-la pela importação de escravos negros na segunda metade do século 16 para atender à demanda de mão de obra dos engenhos de açúcar. A fusão dos hábitos, costumes e tradições que mesclaram a religião cristã e a cultura indígena, europeia e africana, as conquistas dos bandeirantes e o comércio dos tropeiros tiveram um papel protagonista na construção da identidade brasileira e da unidade linguística, cultural e territorial do país. Como disse Gilberto Freyre em seu livro imperdível, *Casa Grande e Senzala*, a miscigenação racial é o pilar central da formação da civilização brasileira. Essa nação miscigenada, plural e de diversidade exuberante de raça, costumes e cultura deveria ser reverenciada como parte da nossa herança e tradições que devemos preservar. Mas os esquerdistas iliberais preferem ignorar as virtudes da miscigenação e fazer recortes preconceituosos dos fatos históricos para pintar os acontecimentos de acordo com as premissas das suas teses identitárias.

Ao julgar o comportamento dos nossos antepassados com a visão moral do século 21, buscam reparações para saldar "dívidas sociais" de uma sociedade injusta e preconceituosa. O identitarismo é a política do ressentimento. Ressentimento gera apenas mais discórdia, intolerância e antagonismo. Não constrói nada: apenas busca destruir nossa História e tradições e colocar em risco as liberdades individuais. A esquerda iliberal está sempre em busca de uma bandeira para desestabilizar a ordem institucional e avançar com a "revolução" socialista. O identitarismo fomenta a polarização e o radicalismo político, tornando-se a bandeira favorita dos populistas de esquerda e o alvo predileto de ataques dos populistas de direita. Assim, o identitarismo colabora para erodir a moderação, a tolerância e a civilidade na sociedade. Quando suas premissas são contestadas com dados e fatos, os esquerdistas o acusam de ser "racista", "fascista" e, em última instância, você é "cancelado" nas redes sociais.

Se as manifestações da esquerda iliberal fossem restritas ao campus universitário e às redes sociais, não perderíamos tempo com o assunto. Mas o identitarismo tem como finalidade criar uma sociedade intolerante. Seu objetivo é criar um cercadinho moral para impor a sua verdade goela abaixo da sociedade e interditar o de-

VIRE À DIREITA. SIGA EM FRENTE

bate. Suas crenças vêm norteando o debate de políticas públicas que afetam o destino do país. Sua influência perversa na educação propõe o revisionismo histórico de livros didáticos e a discussão de sexualidade e de gêneros para crianças. Sua militância busca liberar o aborto e interditar o debate sobre o direito à vida do nascituro. Sua defesa de "direitos indígenas" coloca em risco o marco temporal que define a demarcação de terras indígenas (que representam 12% do território nacional) e ameaça instaurar a insegurança jurídica que assegura o direito à propriedade privada. Esta ameaça tem como finalidade atacar o agronegócio, um dos setores mais importantes da economia nacional.

Um exemplo histórico que retrata a diferença entre a tirania do identitarismo e a luta por direitos foi a luta contra a escravidão liderada por Joaquim Nabuco na arena política, Luiz Gama e José do Patrocínio na imprensa e pelo abolicionista André Rebouças. Foram 38 anos de luta e perseverança para a sociedade compreender a insustentável hipocrisia de um país que preza a liberdade e a democracia constitucional, mas priva uma parcela significativa da sociedade de seus direitos e deveres fundamentais. A aprovação das leis abolicionistas de 1850 a 1888 procurou acabar com a escravatura de maneira gradual. A Lei Eusébio de Queirós (1850) proibiu o tráfico de escravos; a Lei do Ventre Livre (1871) declarou que os filhos nascidos de escravos eram livres; e a Lei dos Sexagenários (1885) concedia a liberdade aos escravos quando completassem 60 anos de idade. Mas esse processo gradual de acabar com o regime escravocrata não resistiu à campanha abolicionista de Nabuco, Gama, Patrocínio e Rebouças.

A campanha abolicionista acelerou o processo de conscientização da população de que a escravidão era abominável moral, econômica e socialmente. Essa campanha culminou com o povo tomando as ruas do Rio de Janeiro em maio de 1888, cercando o Parlamento e invadindo as galerias da Câmara e do Senado para apoiar os parlamentares favoráveis à abolição. A proposta tramitou em regime de urgência e foi votada na Câmara e no Senado. Ao assinar a Lei Áurea no dia 13 de maio, o país viveu dias de "delírio público", como definiu Machado de Assis nas principais cidades do país.

O identitarismo serve como base para o embuste moral do "politicamente correto". Para manter o gasto crescente do Estado assistencial, será preciso retirar cada vez mais dinheiro do bolso de quem trabalha, empreende e produz. Como fazer isso sem que nós nos rebelemos contra o governo e o Estado? A esquerda inventou esse embuste. Os esquerdistas são bons de marketing. Adoram criar termos virtuosos – como "justiça social" e "politicamente correto" – para justificar o injustificável: o avanço do Estado no cerceamento das liberdades individuais em nome do "bem comum". O objetivo do politicamente correto é criar um arcabouço de crenças, comportamentos e costumes que estejam alinhados com os dogmas da esquerda. É um processo de doutrinação coletiva utilizado por meios democráticos para atingir o mesmo objetivo empregado pelas ditaduras: o doutrinamento de ideias e de crenças e a uniformização de um código moral responsável por ditar

VIRE À DIREITA. SIGA EM FRENTE

as regras de comportamento e de costumes que estejam alinhados com a visão política dos detentores do poder.

O "politicamente correto" oferece a justificativa política, moral e econômica para nos sentirmos culpados pelos males do passado da civilização ocidental (escravidão, racismo, questões de gênero) e nos obrigar a saldar a "dívida histórica" com os marginalizados por meio de políticas compensatórias (cota e reparação financeira). Em suma, é mais uma artimanha para o Estado avançar sobre os ganhos das pessoas que trabalham, produzem e empreendem, intervir no mercado e nas relações pessoais e impor limitações sobre a liberdade de crença, ideias, expressão, escolha e de comportamento e costumes.

Esse artifício ideológico está destruindo o pensamento crítico nas escolas e universidades, instigando o jornalismo militante e insuflando a polarização política. Ele está erodindo a civilidade, a tolerância e o respeito, que são pilares essenciais para o florescimento da pluralidade de ideias e diversidade de pessoas e de cultura, responsáveis por nutrir a democracia, a liberdade e a nossa capacidade de evoluir e nos adaptarmos às novas realidades.

A sociedade progride ao respeitar a mudança gradual de crenças, a evolução dos costumes e a institucionalização de novos hábitos, costumes e regras sociais. As mudanças de padrão de comportamento e de cultura são lentas e graduais e não têm nada a ver com o ressentimento iliberal e a mistura de pressa e opressão que o identitarismo tenta imprimir. Trata-se de um modismo e, como todo modismo, perde seu apelo quando se tornam evidentes as contradições entre os seus dogmas e a realidade. A melhor forma de combatê-lo é defender os valores que prezamos: a liberdade de expressão, a pluralidade de ideias, a tolerância, a moderação e a integridade da família, e a educação dos filhos.

O identitarismo e o "politicamente correto" interditam o debate de ideias, cerceiam a liberdade de expressão com seu denuncismo e cancelamento e imitam a prática de países totalitários que contam com as denúncias anônimas de estudantes e funcionários para universidades, empresas e governos perseguirem pessoas que se recusam a se enquadrar na moldura totalitária de suas crenças. Por isso, não podemos baixar a guarda. Temos de lutar na academia e na imprensa, nas redes sociais e no setor privado, nos tribunais e na política para preservar os valores da democracia, da liberdade e da civilidade. Assim, daremos uma demonstração clara de que somos cidadãos responsáveis, capazes de defender os valores que prezamos e barrar o modismo do identitarismo.

A democracia não sobrevive sem a existência de cidadãos engajados na defesa da liberdade, da civilidade e do respeito à pluralidade de ideias, crenças e pessoas.

As virtudes da monarquia brasileira e o que o seu professor de História nunca lhe contou

O rei, o imperador e o pequeno príncipe

Se a miscigenação cultural, racial e de costumes moldou a criação da nação, a monarquia brasileira é responsável pela criação do Estado e da democracia liberal

VIRE À DIREITA. SIGA EM FRENTE

no país. Foi ela que edificou as instituições, o governo constitucional, o Estado de Direito e a democracia representativa. É comum professores esquerdistas tratarem na sala de aula o Império brasileiro como um período de governos reacionários e escravocratas que foi derrubado em 1889 por uma revolução republicana que instituiu um governo livre e democrático. Nada mais falso. O triunfo do liberalismo político no Império conflita com as teses do misticismo marxista e do reacionarismo antiliberal que dominaram o pensamento político no Brasil. A leitura enviesada e ideológica da história política tem como objetivo sepultar um capítulo importante do passado responsável por nos ajudar a compreender as virtudes, defeitos e desafios da democracia no Brasil.

Enquanto as repúblicas da América Latina no século 19 eram governadas por tiranos e governos arbitrários, o Brasil era a única democracia na região. A monarquia brasileira estava entre as democracias mais avançadas da época, como o Reino Unido e os Estados Unidos. Desde a Independência do país em 1822, reinava aqui o Estado de Direito e um governo constitucional; o Parlamento era eleito por meio de eleições periódicas e havia alternância dos partidos no poder; os cidadãos gozavam do exercício pleno de suas liberdades individuais, como direito à propriedade privada, liberdade de expressão e imprensa livre. Foi a monarquia que acabou com a escravidão por meio de reformas graduais, capazes de evitar os conflitos raciais que criaram guerras e confrontos sociais em outros países.

113

Essas benesses não são obras do acaso. Elas são frutos do trabalho árduo de gerações de estadistas que lutaram para defender os valores do liberalismo político e promover mudanças graduais que garantiram o império da lei, da ordem e da liberdade no país. Ao desembarcar no país em 1808, o rei Dom João VI buscou redimir alguns erros da colonização portuguesa. A educação, que havia sido negligenciada, recebeu atenção especial do rei, que criou as universidades de Direito, Medicina e Belas Artes no Rio de Janeiro, São Paulo, Recife e Salvador. A imprensa livre e as primeiras impressoras rotativas foram instaladas, o que deu início a um período áureo de circulação de ideias, jornais e livros e de liberdade de expressão no país. A abertura dos portos às nações amigas sepultou o mercantilismo e iniciou um capítulo importante do livre comércio do Brasil com o mundo.

Dom João VI preparou o terreno para a independência do país. Primeiro, escapou de ser capturado por Napoleão Bonaparte e fugiu para o Brasil com sua corte, assegurando a soberania do império e a legitimidade do governo, apesar de o território português ter sido temporariamente ocupado pelos franceses. Em seguida, buscou diminuir a influência britânica no Brasil, casando o seu filho, Dom Pedro, com a filha do imperador da Áustria, Dona Leopoldina e ampliando o leque de influência do país. Por último, trabalhou com afinco após as guerras napoleônicas para elevar o *status* de colônia do Brasil à condição de reino no redesenho da nova ordem mundial, que estava sendo concebida em Viena no verão de 1814 pelo chanceler austríaco Klemens von Metternich. Seu

VIRE À DIREITA. SIGA EM FRENTE

lobby deu certo e o Brasil foi reconhecido pelas potências europeias como reino, o que o colocou em igualdade com Portugal e permitiu a Dom João governar o império luso a partir do Rio de Janeiro. Mas a coroa de Dom João se viu ameaçada pela revolução liberal de 1820 na cidade do Porto, em Portugal.

Os revolucionários demandavam a criação de uma monarquia constitucional e a volta do rei para Portugal. A pressão revolucionária funcionou. Receoso de perder a Coroa portuguesa, Dom João VI regressou com sua corte para a Europa. Mas o rei tinha plena consciência de que a joia da Coroa era o Brasil e, por isso, fez questão de deixar no país o seu filho e príncipe-regente, Dom Pedro. Antes de embarcar para Lisboa no dia 24 de abril de 1821, o monarca despediu-se do filho e deu-lhe um valioso conselho: "Pedro, se o Brasil se separar, antes seja para ti, que hás de me respeitar, do que para algum aventureiro."

O príncipe Dom Pedro seguiu à risca o conselho do pai. Quando o Parlamento português exigiu o rápido retorno do príncipe para Portugal a fim de submetê-lo às suas ordens, Dom Pedro negou obedecê-lo. No dia 9 de janeiro de 1822 disse aos brasileiros que ficaria no país. O dia do "Fico" foi o primeiro ato de rebeldia. O segundo foi um ato histórico. No dia 7 de setembro de 1822, Dom Pedro proclamou a independência do Brasil às margens do riacho do Ipiranga. O grito de "Independência ou morte!" foi seguido por ações concretas e vitais para a construção do Estado brasileiro. O primeiro imperador do Brasil nos deixou a monarquia constitucional e a constituição liberal de 1824 em uma época em que as democracias liberais – como os Estados Unidos, Reino Unido e Brasil – eram raridades em um oceano de absolutismo monárquico, como ainda era o caso da Áustria, Espanha, Rússia e Prússia.

Em 1831, Dom Pedro I decidiu regressar a Portugal para liderar a revolução liberal e garantir o trono da sua filha, Dona Maria da Glória, que travava uma guerra civil com o seu tio Dom Miguel, irmão de Dom Pedro, defensor do absolutismo monárquico. Dom Pedro I deixou no Brasil seu filho de 5 anos de idade e herdeiro do trono, o futuro Dom Pedro II. Órfão de mãe e pai, o pequeno príncipe foi educado por tutores e gozava da companhia de suas irmãs, Francisca e Januária. Desde cedo, demonstrou gosto pelos livros, estudos, reclusão, discrição e frugalidade de hábitos e costumes. Durante sua infância e início da adolescência, o futuro Dom Pedro II vivenciou o período político mais turbulento desde a Independência. A Regência foi marcada por revoltas provinciais e crises políticas que colocaram em risco a unidade territorial do país e a sobrevivência da monarquia. Após várias tentativas frustradas de pacificar o país, a solução política encontrada foi antecipar a maioridade de Dom Pedro II e empoderá-lo rapidamente no trono para ver se o magnetismo da Coroa seria capaz de pacificar o Brasil e manter a unidade territorial que estava gravemente ameaçada.

O legado de Dom Pedro II

No dia 23 de julho de 1840, o jovem Dom Pedro II assumiu o trono brasileiro aos 14 anos de idade. Seu reinado durou 49 anos e foi um dos mais longevos do século 19. Quando veio a falecer em 5 de dezembro de 1891, sua fama de monarca exemplar estava consolidada. Mais de 200 mil pessoas seguiram o seu cortejo fúnebre em Paris. O primeiro-ministro britânico, William Gladstone, declarou que Dom Pedro II foi "o governante modelo para o mundo." Nos Estados Unidos, o *New York Times* publicou um editorial afirmando que o imperador "foi o mais ilustrado monarca do século." Em uma época de grandes monarcas, como a rainha Vitória do Reino Unido, o rei Vittorio Emanuele da Itália e o rei Guilherme da Prússia, os quais haviam unificado seus países na segunda metade do século 19, o imperador brasileiro foi considerado "governante modelo" e "o mais ilustrado monarca do século."

Dom Pedro II foi um grande estadista. Herdou um país dilacerado por disputas regionais durante a Regência e deixou um Brasil pacificado. Exerceu o poder com moderação, prudência, sabedoria e coragem, sempre visando o fortalecimento das instituições, a preservação da ordem democrática e o respeito pela liberdade individual. Nem mesmo no século 21 o Brasil gozou da plena liberdade de expressão e de ideias como existiu no Segundo Reinado. Prova disso era a existência de um partido Republicano e de jornais e panfletos radicais que satirizavam o imperador em charges, pregavam o fim da monarquia e não escondiam sua intenção de liderar uma revolução ou golpe de Estado para pôr fim ao reinado de Dom Pedro II. Mas a censura jamais foi admitida pelo imperador.

Ele acreditava que o debate de ideias e de opiniões na imprensa e os embates acalorados no Parlamento eram as melhores formas de se exercer a liberdade, polir os argumentos, conquistar adeptos e evitar que o imperador e o governo vivessem em uma bolha isolada da realidade. Foi graças ao debate livre e à liberdade de expressão que a campanha abolicionista ganhou as ruas, conquistou a opinião pública, incendiou o debate político no Parlamento e criou a dissidência no seio da elite econômica, o que permitiu a abolição da escravidão por meio legal, pacífico, gradual e sem os traumas de uma guerra civil (como nos Estados Unidos) ou de uma rebelião sangrenta (como no Haiti).

A esquerda adora tratar a escravidão como a herança maldita dos "latifundiários." Mas o fato é que a sociedade brasileira era viciada no trabalho escravo. É verdade que os fazendeiros precisavam de mão de obra para trabalhar na lavoura, mas pequenos comerciantes, viúvas e funcionários públicos compravam e alugavam escravos para obter uma renda extra. Até mesmo escravos libertos possuíam escravos para assegurar uma importante fonte de renda. Por isso, o desmame da sociedade escravocrata foi lento e gradual e, provavelmente, a única alternativa para evitar revolução, derramamento de sangue e desordem institucional que colocariam em risco a democracia e a liberdade no país.

A luta pela abolição da escravidão retrata o bom funcionamento das instituições: a importância do debate livre de ideias e opiniões para mobilizar a opinião pública em torno da causa; as mudanças graduais aprovadas pelo Parlamento para permitir a adaptação da sociedade a viver sob o trabalho livre; o exemplo da Coroa e o senso de dever de uma parcela significativa da elite política para aprovar uma medida de interesse do país que conflitava com o interesse de sua classe social.

A esquerda gosta de revolução, levantes e lutas de classes para justificar a sua existência e conquistar o apoio de mentes incautas. Ela não se conforma com as transformações graduais que permitem a sociedade evoluir e as instituições a se adaptarem à nova realidade. A abolição da escravidão é fruto da aprovação de leis graduais no Parlamento que proibiu o tráfico de escravos (1850), libertou os filhos de escravos nascidos no Brasil (1871) e os sexagenários (1885) e, finalmente, a extinguiu no dia 13 de maio de 1888. A campanha abolicionista revelou o heroísmo do aristocrata Joaquim Nabuco, que liderou o movimento popular; o exemplo do debate democrático e da aprovação da Lei Áurea no Parlamento pela "classe dominante"; e a coragem da Coroa e da princesa Isabel de apoiar a causa e sancionar a Lei Áurea.

Outro legado importante da monarquia que você não lê nos livros de História é o papel central de Dom Pedro II na educação de uma elite chucra. Durante o período colonial, a inexistência de um Estado capaz de manter a ordem e a paz interna levou à concentração de poder nas mãos das lideranças locais. Os coronéis (como eram conhecidos pelo título que recebiam do governo) foram empoderados pela Coroa para assegurar a ordem, justiça, proteção e o bem-estar da população local. Após a Independência do Brasil, a monarquia consolidou o poder do Estado e buscou reduzir a autonomia dos coronéis. O novo palco da disputa das elites regionais passou a

LUIZ FELIPE D'AVILA

ser travado na arena política pelo controle dos governos provinciais. Os coronéis mobilizavam seus apoiadores para eleger seus candidatos, influenciar as indicações políticas e assegurar o poder para acolher pedidos e favores de seus aliados. O clientelismo era o meio pelo qual os coronéis mantinham o poder e a fidelidade de seus aliados, por isso, a vitória nas eleições se tornou uma questão de vida ou morte para os coronéis. Não é por outra razão que as revoltas regionais que abalaram a paz no Império advinham de disputas eleitorais entre clãs de coronéis para controlar o poder local.

Dom Pedro II compreendeu que seria impossível preservar a monarquia constitucional, instituir a responsabilização de governos representativos e zelar pelo Estado de Direito se o Brasil não fosse capaz de criar uma elite com espírito público e senso de dever para governar o país. O desafio de incutir o senso de dever público em uma elite que nasceu da costela do coronelismo não era uma tarefa fácil. Mas o imperador se empenhou pessoalmente nessa missão. Ele sabia que não bastava um monarca virtuoso para governar o país: era preciso uma elite imbuída de senso de espírito público para ajudá-lo a institucionalizar leis e políticas públicas, conduzir o governo com responsabilidade e preparar as futuras gerações para ocupar a direção do país.

O imperador elegeu a Educação como a causa principal para a formação da cidadania e da elite governante. Era apaixonado por livros, pelo estudo e pelo aprendizado. Costumava visitar escolas primárias e assistir aulas para testemunhar a qualidade do ensino e o aprendizado dos alunos. Dom Pedro II desejava criar uma escola em cada cidade do país e entendia que a educação de qualidade era fundamental para a formação da cidadania plena, das virtudes cívicas e da preservação de uma nação livre e democrática. A meta não foi atingida, mas em um país que possuía raríssimas escolas para crianças de 6 a 15 anos no início do Império, passou a ter mais de 300 mil alunos em escolas públicas no fim do seu reinado[4]. Foi um salto espetacular.

No Ensino Superior, as faculdades de Direito, Medicina e Belas Artes formaram a elite do Império. As faculdades de Direito em São Paulo e Recife tiveram um papel fundamental na formação do senso de nacionalidade e de espírito público. Elas reuniam jovens de todo o país e de diferentes classes sociais, forjando a amálgama de amizade, cumplicidade e colaboração entre futuros estadistas, escritores, jornalistas, fazendeiros e comerciantes que tiveram papel de protagonistas na construção do país. Os laços universitários expandiram as relações sociais, enraizaram o amor por uma nação livre e governada por líderes civilistas que respeitavam as leis, instituições e as liberdades individuais. Mas a faculdade de Direito era apenas a primeira etapa da jornada da formação política.

A segunda etapa era se tornar assistente de um grande político para aprender, vivenciar e polir as habilidades públicas. Assim, o jovem José Maria Paranhos, futuro Barão do Rio Branco, serviu de secretário particular do seu

---

[4] FREYRE, Gilberto. *Ordem e Progresso*. 6. ed. São Paulo: Global, 2004. p. 379.

pai nas missões diplomáticas do Visconde do Rio Branco; o conselheiro Antônio da Costa Pinto foi tutor de Antônio Prado, seu futuro genro e ministro do Império. A terceira etapa era participar das eleições e conquistar uma cadeira no Parlamento. Aqueles que se destacavam na carreira parlamentar eram alçados à presidência das províncias (cargo equivalente a governador). Antônio da Costa Pinto, por exemplo, presidiu as províncias de São Paulo, Paraíba, Rio Grande do Sul e Rio de Janeiro. Além de aperfeiçoar as habilidades de gestor público, esses cargos permitiam que a elite conhecesse as diferentes realidades do país. A última etapa da carreira pública consistia em ocupar os cargos proeminentes no governo, no ministério, no Senado ou no Conselho de Estado, órgão que auxiliava o monarca a tomar as decisões de Estado.

Por fim, havia o exemplo pessoal do imperador. Personificação da virtude pública e referência de estadista comprometido com a defesa da liberdade individual, da democracia e do Estado de Direito, a atuação de Dom Pedro II no trono foi fundamental para servir de exemplo para a elite e para o povo. Homem de hábitos austeros e retidão moral, mantinha uma corte sem requintes para mostrar sua preocupação com o dinheiro público. Seguia uma rotina rigorosa de trabalho, reuniões, visitas às repartições públicas, audiências com governantes e cidadãos comuns para poder escutar em primeira mão a impressão das pessoas dos seus problemas, aflições, pedidos e reclamações. O imperador exercia o poder Moderador com a prudência e sabedoria de um árbitro que se preocupa com os interesses do país, com a política de Estado e

VIRE À DIREITA. SIGA EM FRENTE

com a visão de longo prazo. Ele servia de contraponto aos interesses de curto prazo que ditam a política partidária e as disputas eleitorais.

Defensor da meritocracia, Dom Pedro II lutou para desmantelar o clientelismo político, alçando ao poder os homens públicos de talento e dedicados a servir o país. Reconhecia-os não com cargos públicos, verbas ou favores governamentais, mas com títulos nobiliárquicos. Era o caso do Duque de Caxias (Luís Alves de Lima e Silva), o brilhante militar que sufocou as revoltas provinciais e liderou o Exército brasileiro na guerra do Paraguai; Visconde do Rio Branco (José Maria Paranhos), exímio diplomata e líder do governo que aprovou a Lei do Ventre Livre em 1871; e o Visconde de Cairu (José da Silva Lisboa), um dos raros políticos que compreenderam a importância da abertura econômica, do livre mercado e dos ensinamentos de Adam Smith para nortear a política econômica do Império.

Qual foi o legado que Dom Pedro II deixou ao Brasil? Pacificou o país, aboliu a escravidão, formou uma elite política, valorizou a educação, a ciência e as artes e, acima de tudo, foi um líder exemplar na defesa das liberdades individuais, do Estado de Direito e da democracia. Mas o Império fracassou na economia. O Brasil cresceu pouco, não se industrializou e tampouco compreendeu a importância da abertura econômica, a força do comércio e o enorme potencial da industrialização do País para fazer a economia crescer, gerar riqueza e criar uma classe média que se tornasse o esteio da democracia e da economia liberal contra os antiliberais e os rentistas do Estado.

O triste fim do Império mostra que a história do Brasil é marcada por ondas de retrocesso que surgem justamente nos momentos em que o país está prestes a realizar mudanças transformadoras. O golpe republicano de 15 de novembro de 1889 interrompeu a marcha da evolução da democracia e da ordem institucional. Foram necessários quase 100 anos de crises, golpes de Estado e revoluções até o Brasil reencontrar o caminho da paz interna, da democracia e da ordem institucional com a redemocratização do país em 1985.

Os militares na política: o mau e o bom exemplo

Com o golpe republicano de 15 de novembro de 1889, os militares entraram no jogo da política partidária. O golpe foi a vitória do retrocesso, marcada pela união de militares positivistas, republicanos radicais (conhecidos como jacobinos) e fazendeiros retrógrados que se sentiram prejudicados com o fim da escravidão. É verdade que havia uma minoria de republicanos liberais, como Prudente de Moraes, Campos Salles, Rodrigues Alves e Rui Barbosa. Mas essa minoria sensata foi logo alijada do poder pelos militares, jacobinos e positivistas.

Não houve apoio popular ou povo na rua endossando o golpe republicano. A população do Rio de Janeiro assistiu atônita à movimentação de tropas na cidade e não compreendia o que estava acontecendo. Só soube no dia seguinte que o imperador e a família real haviam sido embarcados às pressas para a Europa e a República fora proclamada. O próprio "líder" da revolução, Marechal Deodoro da Fonseca, achou que estava participando de um golpe para depor o governo do Visconde de Ouro Preto –, mas logo descobriu que estava envolvido em uma trama para derrubar a monarquia e proclamar a República. Deodoro se dizia "amigo do imperador" e que seu objetivo era pressionar Dom Pedro II a escolher um governo mais simpatizante aos pleitos dos militares.

Os republicanos se dividiram logo após o golpe militar, quando ficou claro para os liberais que os positivistas e os radicais jacobinos não tinham intenção de criar uma democracia constitucional, inspirada no regime republicano dos Estados Unidos, como desejavam os republicanos liberais. Assim que assumiu a presidência da República, Deodoro da Fonseca mostrou impaciência para lidar com o Congresso e a oposição; interpretou as críticas ao governo na imprensa como sinônimo de anarquia; e não tardou para os brasileiros conhecerem a mão pesada do governo. A imprensa foi censurada, o estado de sítio foi proclamado e o Parlamento fechado. A atitude arbitrária causou uma revolta dos republicanos liberais que renunciaram os cargos no ministério e se uniram ao vice-presidente da República, o marechal Floriano Peixoto, para depor o primeiro presidente do Brasil em 1891.

O confronto estava instalado: de um lado, os republicanos liberais se entrincheiraram no Congresso e redigiam uma Constituição liberal que assegurava a divisão dos Três Poderes, as liberdades individuais, o federalismo e limitava o poder do Estado. Do outro lado estavam os positivistas e os jacobinos que queriam uma República autoritária, centralizadora e com o poder absoluto nas mãos do presidente. Nesse confronto, a atitude serena, porém firme de Prudente de Moraes nas presidências do Senado e da Assembleia Constituinte foi fundamental. Prudente, juntamente com Rui Barbosa, lideraram a redação final da Constituição de 1891 que foi aprovada pelo Congresso Nacional.

O presidente Floriano Peixoto, ligado aos positivistas e radicais, deixou claro que não respeitaria uma Constituição que limitasse o seu poder. Após uma breve trégua com o Congresso, Floriano empregou o poder e a força para expurgar seus adversários dos governos estaduais e mandou prender seus opositores. A tensão entre os Poderes Legislativo e Executivo tornou-se insustentável. Para tentar esfriar os ânimos, Campos Salles apresentou uma moção no Congresso para decretar recesso parlamentar em janeiro de 1892 e tentar chegar a um entendimento com o presidente da República, longe dos holofotes do calor dos debates no Parlamento. Com o Congresso em férias, o presidente mobilizou as tropas para sufocar as revoltas estaduais, decretou o estado de sítio e fechou os jornais. Quando o Congresso voltou do recesso em maio, a legalidade só existia de fachada. As tentativas de destituir o presidente por meio da força – como foi o caso da Revolta da Armada, um grupo de oficiais da Marinha que se rebelou contra o governo em setembro de 1893 – fracassaram. Mas Floriano e os radicais foram derrotados no voto. Na eleição presidencial de 1894, Prudente de Moraes foi eleito o primeiro presidente civil do Brasil.

O problema é que a República deixou uma sequela no país. Os militares entraram no jogo da política em

1889 e passaram a ter um papel protagonista até 1985, quando a redemocratização do país o encerrou e as Forças Armadas voltaram a cumprir o seu papel constitucional de defensoras do país e da ordem institucional.

Em 1889, os militares participam do golpe de Estado que derrubou a monarquia. A Revolta dos 18 do Forte em 1922 inaugurou o movimento tenentista, responsável por desencadear as revoltas armadas em 1923 e 1924, que culminaram com o apoio a Getúlio Vargas e o golpe militar de 1930. Os militares endossaram a criação do Estado Novo em 1937, que foi a primeira ditadura no país. A participação da Força Expedicionária Brasileira (FEB) na Segunda Guerra Mundial teve um papel importante para instigar os militares a dar um golpe em 1945, tirar o ditador Vargas do poder e restaurar a democracia no Brasil. A baderna socialista-sindicalista do governo João Goulart, insuflada pelo seu cunhado Leonel Brizola, levou as Forças Armadas ao golpe de 1964. Foram 21 anos de governo militar até a restauração da democracia em 1985.

Felizmente, os militares voltam para a caserna e se tornam defensores da ordem democrática. As Forças Armadas vêm desempenhando um papel exemplar desde 1985, permanecendo longe do jogo político-partidário e cumprindo seu papel constitucional de defender a pátria e salvaguardar o Estado Democrático de Direito. Elas passaram por dois testes de fogo no passado recente. No governo Bolsonaro, o presidente da República tentou arrastá-la para a política, mas a instituição resistiu com brio às investidas do presidente e mostrou firmeza para desanuviar os devaneios golpistas de uma minoria de celerados (inclusive militares) que fazia parte do núcleo duro do ministério de Bolsonaro em 2022. Com a volta do presidente Lula ao poder em 2023, a esquerda buscou transformar um ato de vandalismo lamentável de invasão do Congresso, do Supremo Tribunal Federal (STF) e do Palácio do Planalto no dia 8 de janeiro de 2023 para insinuar a cumplicidade das Forças Armadas com os "golpistas". Mais uma vez, as Forças Armadas demonstraram serenidade e não caíram na armadilha da esquerda. Esses episódios revelam que os militares amadureceram, a democracia evoluiu e a sociedade foi capaz de aprender com as lições dos erros e acertos do passado.

Aliás, o comportamento das Forças Armadas e seu respeito ao papel constitucional inerente a elas deveria servir de referência para outros Poderes, como o STF, que vem invadindo competências do Poder Legislativo e causando enorme desarmonia entre os Poderes. A decisão monocrática que anula os efeitos moralizadores da lei das Estatais e impede indicações políticas para comandar empresas estatais; a atitude monocrática irresponsável, a qual buscou jogar na lata do lixo o trabalho das instituições responsáveis por desvendar os escândalos de corrupção revelados pela Lava Jato; e a insegurança jurídica gerada por uma decisão açodada sobre o marco temporal que coloca em risco o direito de propriedade privada são apenas alguns exemplos que ilustram o ativismo do STF e sua ânsia de legislar sobre assuntos de competência dos legítimos representantes do povo: os parlamentares.

Os donos do poder: uma breve história do Centrão

A sequência dos três primeiros presidentes liberais na presidência da República (1894-1906) renovou a esperança de o Brasil voltar a ter paz, prosperidade, liberdade e democracia – como havia existido na época do Império. Prudente de Moraes (1894-1898) pacificou o país, Campos Salles (1898-1902) saneou as finanças públicas e Rodrigues Alves (1902-1906) herdou um país pacificado e com as contas em ordem, permitindo-lhe focar na retomada do crescimento econômico, investir na urbanização do Rio de Janeiro e resistir à pressão dos cafeicultores que queriam a intervenção do Estado no mercado de café para aumentar artificialmente o preço do produto.

Apesar de o presidente Rodrigues Alves não ter cedido à pressão dos cafeicultores, eles se reuniram na cidade de Taubaté com os governadores de São Paulo, Minas Gerais e Rio de Janeiro para criar um fundo com recursos dos três estados a fim de intervir no mercado de café e, assim, garantir um preço mínimo e máximo para o produto exportado. O Convênio de Taubaté em fevereiro de 1906 foi uma demonstração extraordinária de força dos cafeicultores e dos governos estaduais. A união desses dois grupos revelou que tinham poder para criar políticas públicas protecionistas que contrastavam com o livre mercado defendido pelo governo federal. Foi também um sinal claro de que as oligarquias estaduais voltaram com toda força a dominar a política local e nacional.

Assim como os atuais presidentes da República buscam o apoio do Centrão para garantir a maioria dos votos no Congresso, o presidente Campos Salles criou a *política dos governadores* para aprovar as medidas duras que visavam sanar as finanças públicas em 1902. A situação financeira do país era dramática. Além do gigantesco déficit público, a pressão inflacionária e a queda do preço do café no mercado internacional (o principal produto da nossa exportação) levaram o país à beira da insolvência financeira. Com dificuldade para honrar o pagamento dos seus empréstimos estrangeiros, o presidente implementou o plano econômico mais ousado da História do Brasil. Promoveu um corte drástico das despesas governamentais e reduziu o tamanho do funcionalismo público, derrubou as medidas protecionistas dos governos militares, apoiou a abertura econômica e acabou com a política cambial que mantinha o câmbio artificialmente desvalorizado. O programa econômico de Campos Salles é válido para o Brasil do século 21;

> o protecionismo inoportuno em favor de indústrias artificiais à custa dos maiores sacrifícios para o contribuinte; os déficits orçamentários criados pelo funcionalismo exagerado e pelo aumento contínuo da classe dos inativos; o efeito moral de má política financeira, acarretando o descrédito e o retraimento da confiança dos capitais no país e no estrangeiro; finalmente a baixa cambial, síntese e expressão de todos os erros[5].

---

[5] SOUZA, Raul Alves de. *História política dos governos da República*. Rio de Janeiro: Empresa Gráfica Editora, 1927. p.80.

VIRE À DIREITA. SIGA EM FRENTE

O custo político para aprovar esse audacioso plano econômico no Congresso foi a implementação da *política dos governadores*. Ela se tornou a base de sustentação política de todos os presidentes que governaram o país até 1930. A *política dos governadores* era formada por um tripé. O primeiro pilar era o apoio incondicional do Congresso e dos governadores ao plano econômico do presidente da República. Qualquer voto contrário às medidas seria considerado um ato de insubordinação. Na política, a falta de lealdade ao presidente significava viver à margem do poder; isto é, ser incapaz de nomear aliados para os cargos políticos na administração federal e não ter acesso às verbas governamentais ou aos favores do presidente.

A fidelidade ao presidente da República era recompensada pela autonomia absoluta dos governadores nos assuntos estaduais. Os governadores controlavam o partido político, a Assembleia Legislativa e as eleições. Os partidos eram estaduais (Partido Republicano Paulista, Partido Republicano Mineiro) e não havia oposição. Só conquistavam cargos públicos, nomeações e indicações para a lista partidária de candidatos aptos a disputar eleição aqueles que passassem pelo crivo do governador. Como a fraude eleitoral era uma prática corriqueira na Primeira República, a política dos governadores criou um mecanismo engenhoso para legitimar o veredito das urnas. Na ausência de uma justiça eleitoral, as Assembleias Legislativas tinham o poder de verificar a contagem dos votos e diplomar os parlamentares eleitos tanto para o Legislativo estadual como para o Congresso Nacional. Esse poder de verificação e diplomação dos eleitos dava ao governador pleno poder para compor a bancada federal do seu Estado no Congresso Nacional. Assim, os governadores garantiam os votos que o presidente necessitava para governar o país.

Mas essa rede hierárquica de alianças e apoio político que sedimentou o elo entre os governadores e o presidente da República no controle absoluto do Congresso só se tornou possível por causa do terceiro pilar: a fidelidade dos coronéis locais (nas cidades e vilarejos) aos governadores. Eles exerciam um papel central em recrutar candidatos locais, arregimentar eleitores no dia da eleição e fazer o trabalho sujo de falsificar votos e empregar capangas para intimidar eleitores da oposição. Em contrapartida, os coronéis recebiam apoio, favores e a benção do governador.

A política dos governadores sedimentou o poder da oligarquia política da Primeira República. Esse esquema só desabou quando as oligarquias estaduais se desentenderam sobre a sucessão do presidente Washington Luís em 1929. A divisão das forças políticas em torno do apoio do candidato do governo à presidência da República, Júlio Prestes, e o crescente protagonismo político dos movimentos militares (como o tenentismo) nas disputas políticas estaduais abriram o flanco para o surgimento de uma terceira via. Em outubro de 1930, Getúlio Vargas – ex-ministro da Fazenda de Washington Luís e ex-governador do Rio Grande do Sul –, reuniu o apoio de uma parte importante dos militares e da

VIRE À DIREITA. SIGA EM FRENTE

elite política dissidente para dar um golpe de Estado e depor o então presidente da República recém-eleito, Júlio Prestes.

Vargas implodiu o arranjo político da Primeira República. O poder foi centralizado nas mãos do governo federal para acabar com o poder das oligarquias locais. Vargas aproveitou a divisão das oligarquias estaduais e o apoio dos militares para rapidamente nomear governadores que eram fiéis a ele. Os partidos estaduais foram liquidados e o governo criou a Justiça Eleitoral em 1932 para acabar com as fraudes nas eleições e o controle das oligarquias estaduais do resultado das urnas. Estendeu, também, o direito de voto para as mulheres, o que aumentou significativamente o número de eleitores.

O populismo de Vargas criou outro arranjo político. Sua popularidade estabeleceu um novo laço de lealdade do povo com o presidente da República, colocando os outros atores políticos – como parlamentares e governadores – no segundo plano. A elite econômica endossou o apoio ao presidente, que despejou subsídios para a indústria, crédito para o comércio e para a lavoura e investimento público em infraestrutura. Com exceção da Revolução Constitucionalista dos paulistas em 1932, a qual demandou o cumprimento da promessa de Vargas de criar uma democracia constitucional, o restante do país se rendeu aos encantos do presidente populista. Quando Vargas sepultou a democracia e criou a ditadura do Estado Novo em 1937, os murmúrios de protestos não tiraram meio minuto do sono do presidente. O Centrão continuou dando o apoio político e os votos ao presidente da República em troca de favores governamentais, cargos e verbas públicas.

A capacidade de resiliência e de mutação do Centrão é extraordinária ao longo da história política do Brasil. Usaram cartola e fraque na Primeira República, depois vestiram o uniforme militar do fascismo do Estado Novo, mudando o figurino para o de defensores da democracia depois da Segunda Guerra Mundial e apoiando o golpe que depôs Getúlio Vargas. Em 1951, Vargas voltou ao poder por meio do voto popular e, mais uma vez, o Centrão esteve firme no controle do poder e ao agir como uma força indispensável para garantir a governabilidade. Todos os presidentes se renderam ao Centrão.

Quando os militares lideraram o golpe de 1964 para depor o governo do populista-sindicalista João Goulart, o Centrão tornou-se parte central do regime militar ao garantir o apoio e os votos necessários no Congresso, que legitimavam a fachada democrática dos governos autoritários, e ao ocupar os cargos de governadores indicados pelo presidente da República. Aguentaram firmes o período mais sombrio do regime autoritário inaugurado com a promulgação do Ato Institucional nº 5 (AI-5) em 1968, mas logo depois veio a crise do petróleo em 1973, responsável por reascender a inflação e as preocupações com a economia. A insatisfação popular se converteu em voto para o Movimento Democrático Brasileiro (MDB), o partido de oposição. Mesmo com as restrições de liberdade, a oposição obteve duas vitórias extraordinárias nas eleições para o Congresso em 1974 e 1978. Sentindo o cheiro de mudança no ar, pressentindo a insatisfação popular com

VIRE À DIREITA. SIGA EM FRENTE

a economia e testemunhando o despertar do grande movimento cívico, *Diretas Já*, que demandava eleições diretas para presidente da República em várias cidades do Brasil em 1984, uma parte do Centrão desembarcou do governo militar. Em 1985, Tancredo Neves foi eleito presidente da República com os votos dissidentes do Centrão para derrotar o candidato dos militares, Paulo Maluf. Com a redemocratização, o Centrão continuou ocupando o papel protagonista em todos os governos federais.

O Centrão continua a ser a força central da governabilidade desde a *política dos governadores* em 1902. Ele se tornou uma espécie de Poder Moderador da República. O seu legado é dúbio. Do lado positivo, serviu como freio para evitar que as revoluções esquerdistas destruíssem a ordem institucional, a paz interna e a liberdade. Impediu também que muitas ideias e propostas estapafúrdias da esquerda se tornassem leis e decisões governamentais que confrontam as crenças, valores, costumes e tradições do país. A História mostra que, quando o Brasil tem um presidente da República determinado a defender uma agenda modernizadora, o Centrão pode se tornar um aliado importante. Desde a redemocratização do Brasil em 1985, o Brasil teve apenas três lampejos modernizadores. A abertura comercial no governo Collor; o combate à inflação, o Plano Real e as privatizações no governo Fernando Henrique; e as reformas trabalhista, do Ensino Médio e da responsabilidade fiscal (teto de gastos) no governo Temer.

Do lado negativo, o Centrão representa o atraso do país. Perpetuou o clientelismo na política e os interesses e privilégios do corporativismo público e privado. Esse comportamento nefasto tem contribuído para manter as duas âncoras que retardam o progresso do Brasil. Primeiro, impede a construção de um Estado eficiente, a melhoria da qualidade do gasto público e a existência de uma burocracia meritocrática e capaz de prestar serviço público de qualidade. Segundo, tem travado a abertura econômica, a retomada da competitividade e da produtividade do país. O resultado desse retrocesso implica em quatro décadas de baixo crescimento, queda da renda *per capita* e perda de mercado no comércio internacional para os principais países emergentes. O Centrão contribuiu para o empobrecimento do Brasil. Continuamos a ser uma das economias mais fechadas do mundo, temos um dos piores sistemas educacionais do mundo, segurança pública de péssima qualidade e alto índice de corrupção porque o Centrão entende que a agenda modernizadora destrói as suas três alavancas de poder: o clientelismo, o corporativismo e o patrimonialismo.

O Centrão vai existir enquanto mais de um terço do PIB passar pelo Estado e o poder estiver concentrado em Brasília. A alternativa é a descentralização do poder. O verdadeiro federalismo descentraliza o poder, empodera governadores e municípios e reduz a dependência dos governos locais do governo federal. Da mesma forma, a redução do intervencionismo estatal na economia, a desburocratização e a desregulamentação ajudarão a transferir poder de decisão dos burocratas e políticos para o mercado e cidadãos. A diminuição do tamanho do governo federal é o primeiro passo para reduzir o poder do Centrão.

O Centrão vai existir enquanto a lei não for igual para todos. Em um país onde uma parcela considerável se acha cidadão de primeira classe e luta para defender privilégios, subsídios e "direitos" em Brasília, o Centrão agirá como árbitro na alocação de benefícios públicos e de favores governamentais, e continuará a passar a conta para o resto da sociedade pagar. A solução é fazer a lei valer para todos, cortar os privilégios do corporativismo, aumentar a transparência do gasto público e acabar com as sinecuras que irrigam o clientelismo político. Felizmente, já existe no Congresso Nacional uma pequena bancada de parlamentares sérios e competentes defendendo essas bandeiras. Para se tornar maioria, é preciso contar com o voto de qualidade da maior parte do eleitorado.

O Centrão vai existir enquanto tiver gente que vota em algum parlamentar esperando favores, benefícios e emprego do governo. Se o eleitor vota esperando favores do governo, cargo na máquina pública e verbas para correligionários, então estas serão as prioridades do parlamentar. Eles reagem aos estímulos e às demandas do seu eleitor. Quando as pessoas se mobilizam para aprovar a Lei da Ficha Limpa, apoiar a reforma trabalhista ou ocupam as ruas para pedir o *impeachment* de presidentes corruptos, o Congresso reage e vota de acordo com a vontade popular. O voto e atitude do cidadão determina o resultado das medidas aprovadas no Congresso. Uma das melhores maneiras de se formar cidadãos responsáveis e aumentar o voto consciente é criando uma nação de empreendedores.

O papel do empreendedorismo na geração de riqueza e do crescimento econômico

Na versão antiliberal da História do Brasil que você aprendeu na escola lendo "clássicos" da esquerda (como os livros de Caio Prado Jr) e escutando os discursos de Lula, a história econômica do país parece se resumir a 500 anos de "latifundiários" e "capitalistas gananciosos" que exploram o trabalhador, concentrando riqueza e privilégios nas suas mãos e ignorando a miséria e a desigualdade social. O que nos salva da desordem é o Estado redentor que protege os pobres, freia a ambição dos latifundiários e dos capitalistas, distribui riqueza e resguarda a economia dos especuladores que querem destruir as riquezas nacionais. O papel central do empreendedorismo como a força propulsora do crescimento econômico e da geração de riqueza é solenemente ignorado nos livros didáticos. Essa lacuna é proposital. Ela conflita com a visão ideológica do pensamento antiliberal de esquerda e de direita, o qual venera as virtudes do nacional-estatismo e do intervencionismo do Estado centralizador na economia.

O historiador Jorge Caldeira é um dos raros intelectuais que supre essa lacuna. Seu livro, a *História do Brasil com empreendedores*, relata o dinamismo da economia durante o período colonial. Seus dados conflitam com a interpretação antiliberal que retrata a economia no Brasil colônia como um período insignificante resumido à exploração do pau-brasil, açúcar e ouro. Caldeira revela uma economia dinâmica que se tornou maior que a de Portugal[6].

O gigantesco mercado interno era dominado por comerciantes, tropeiros e artesãos. Esses empreendedores transformaram trabalho em capital e negócios, como o comércio de tropas de mulas e cavalos que eram utilizados como meio de transporte, vendas de mercadorias, comercialização de gado e de artefatos de ferro utilizados na agricultura, expedições, guerras e exploração de ouro. O mercado pujante no interior do país acontecia à revelia dos portugueses que controlavam apenas alguns portos de cidades costeiras como Recife, Salvador e Rio de Janeiro. Fortunas foram construídas no mercado interno, como é o caso do tropeiro Antônio Prado, que trazia tropas do Rio Grande do Sul para comercializá-las na principal feira de Sorocaba, onde eram vendidas e distribuídas para o restante do país. O padre Guilherme Pompeu de Almeida fez fortuna com sua metalurgia que transformava ferro em armas, implementos agrícolas e ferramentas para a exploração de ouro.

A livre economia reinava por meio de trocas e contratos informais entre empreendedores. Havia uma governança democrática que passava desapercebida pelas autoridades governamentais de Portugal. Desde 1532, as vilas realizavam eleições regulares onde se elegiam as câmaras municipais, responsáveis por preservar a ordem, concluir acordos com outras vilas e países. Esse mundo

---

[6] CALDEIRA, Jorge. *História do Brasil com empreendedores*. São Paulo: Mameluco Edições e Produções Culturais Ltda., 2009.

onde imperava o livre comércio e o empreendedorismo, o poder descentralizado e a democracia local foi o motor do crescimento econômico e da geração de riqueza. Na virada do século 18 para o 19, o PIB do Brasil era quase do mesmo tamanho que o PIB dos Estados Unidos. Mas a existência do livre comércio, da democracia local e da liberdade para empreender era vista como uma ameaça pela Corte portuguesa que se instalara no Brasil em 1808.

Impregnada das ideias absolutistas e do Estado centralizador que predominavam na Europa do século 18 e em Portugal desde o governo do Marquês de Pombal (1750--1777), a Coroa se esforçou para concentrar o poder nas mãos do monarca. Como era impossível criar um Estado absolutista em um país continental, a monarquia exercia o poder por meio do governo central e do Parlamento nacional instalado no Rio de Janeiro e de alianças com as oligarquias regionais que dominavam as províncias. Os donos do poder entendiam que a liberdade econômica para empreender representava um risco para o Estado centralizador, que tinha de preservar a ordem e a unidade nacionais. A condenação do empreendedorismo no Brasil contrastava com a pujança do livre comércio, que passou a vigorar na Europa e nos Estados Unidos após o início do século 19.

Enquanto a economia de mercado florescia nos Estados Unidos e na Europa e os empreendedores edificavam indústrias, bancos, ferrovias e negócios, comandavam o comércio e financiavam projetos inovadores, os empreendedores brasileiros precisavam atuar debaixo do radar do governo central, explorando as oportunidades locais e regionais. Aqueles que ousavam se tornar grandes empreendedores nacionais – como foi o caso do Barão de Mauá – eram tolhidos pelo Estado. Mauá construiu um império que compreendia estaleiros, ferrovias, bancos e comércio, mas o seu sucesso e sua independência foram vistos como uma ameaça à ordem econômica e não tardou para o intervencionismo do Estado, a estatização do seu banco e a sangria do crédito arruinarem os seus negócios.

Os três primeiros presidentes civis do período republicano – Prudente de Moraes, Campos Salles e Rodrigues Alves – reconheceram a importância da livre economia e do empreendedorismo para acelerar o crescimento econômico do país. Eles trabalharam para deixar o livre mercado funcionar sem o intervencionismo estatal que vigorou no Império. O resultado foi um período áureo do empreendedorismo. Surgiram as indústrias, ferrovias e bancos privados, o comércio prosperou, a produtividade do campo cresceu e o café tornou-se o nosso principal produto de exportação. Mas, em 1930, Getúlio Vargas sepultou o liberalismo econômico da Primeira República e impôs o modelo do Estado centralizador, ditado pelo nacional-estatismo.

A grande oportunidade para se construir fortunas estava em se tornar amigo do governo e fazer negócios com o Estado. Os grandes contratos públicos, crédito subsidiado e reserva de mercado permitiram empreiteiros, industriais, banqueiros, comerciantes e fazendeiros se tornarem o motor do crescimento econômico. Quando a festa está boa, todo mundo se diverte. Empreendedores, profissionais liberais, estatais e grandes empresários surfaram a onda do crescimento acelerado que perdurou até o início de 1970. Durante 73 anos (1900-1973), o PIB *per capita* cresceu 2,5% ao ano, um número extraordinário que colocou o país entre as economias mais prósperas do mundo. Mas as duas crises do petróleo de 1973 e 1979 revelaram a debilidade do nacional-estatismo.

O intervencionismo do Estado em todas as artérias do mercado causou um gigantesco estrago na economia: inflação alta, perda de competitividade e de produtividade, crescimento exponencial do gasto público em relação ao PIB, déficit fiscal e captura do Estado pelas corporações públicas e privadas, que aniquilaram a competição de mercado. A solução para acabar com o Estado paquidérmico, intervencionista e ineficiente veio com a eleição do governo Conservador de Margaret Thatcher no Reino Unido e do presidente Ronald Reagan nos Estados Unidos. A dupla Thatcher e Reagan resgatou as virtudes do liberalismo econômico e reavivou a competição de mercado e o espírito empreendedor que haviam sido sufocados pelo nacional-estatismo. No entanto, no Brasil, essas transformações passaram desapercebidas.

O governo do general Ernesto Geisel (1976-1979) marcou o apogeu do nacional-estatismo. Centenas de empresas estatais foram criadas e a presença do Estado era predominante em todos os setores da economia. A crise do Estado caro, ineficiente e intervencionista explodiu nas mãos do seu sucessor na presidência da República, o general João Figueiredo, e obrigou o Brasil a declarar a moratória da dívida externa em 1982. A Constituição de

1988 dobrou a aposta no modelo do nacional-estatismo. As vozes da sensatez, que alertavam para a necessidade de abrir a economia, conter o rombo das contas públicas, reduzir a intervenção do Estado no mercado e deixar o espírito empreendedor produzir os frutos do trabalho, da inovação e da competição, foram tratadas como figuras excêntricas. O economista Roberto Campos foi a voz mais notável desse movimento.

Os empreendedores cavam espaço na economia, como nos tempos coloniais, quando a livre concorrência e o mercado informal movimentavam o país e ofereciam oportunidades para se criar negócios. Do microempreendedor que vive do seu trabalho de ambulante ao jovem que cria uma *startup* de tecnologia; do empreendedor na favela ao fazendeiro no campo, que desbrava a fronteira agrícola e cria fortuna no sertão, o Brasil continua a ser um país de empreendedores sufocados pelo Estado.

A valorização do empreendedorismo requer a revitalização de um valor muito criticado pela esquerda: a meritocracia.

Defender a meritocracia

A meritocracia é uma das grandes bênçãos do mundo moderno que assegurou a mobilidade social. Durante séculos, o destino das pessoas era determinado pela classe social na qual nasciam. O filho do rei ocuparia o trono e governaria a nação mesmo que não tivesse vocação para o exercício do poder. O filho de um comerciante era obrigado a aprender o ofício do pai mesmo que não tivesse aptidão pelo negócio. Semelhantemente, o filho de um servo que trabalhava no campo seguia os mesmos passos do pai. Não havia mobilidade social. Era preciso uma grande dose de sorte, talento e genialidade para furar a bolha do imobilismo social. Mas, no fim do século 18, três grandes revoluções destruíram o mundo do imobilismo social e abriram as portas para o triunfo da meritocracia. A Revolução Industrial enterrou o mercantilismo econômico e fez nascer a economia de mercado e a liberdade econômica; a Revolução Francesa acabou com o monopólio do poder político dos reis e dinastias e abriu o caminho para o surgimento das democracias; o Iluminismo gerou a revolução do conhecimento. O mundo místico de crenças, superstições e monopólio da verdade da religião deu lugar ao mundo da razão, da ciência e do saber baseado em dados e evidência.

A meritocracia nos libertou do imobilismo social e democratizou as oportunidades. A educação pública de qualidade criou igualdade de oportunidades e acabou com a concentração de privilégios no topo da pirâmide social. Ao abrir espaço para o talento e remunerar o mérito, ela foi fundamental para impulsionar o crescimento econômico, a proliferação do conhecimento, o progresso das artes e a mobilidade social para milhares de pessoas. Não importava mais a classe social, nacionalidade, gênero, sexo ou raça: os melhores triunfam porque são mais capazes, mais talentosos e extremamente dedicados ao que fazem, produzem, criam e inventam. O talento, a dedicação e as habilidades pessoais passaram a determinar o destino das pessoas.

A meritocracia instituiu um novo padrão ético, inspirado nos valores do Iluminismo. O talento precisa espelhar a virtude, como sabedoria, temperança, coragem e moderação. Demanda, também, o refinamento da razão para se fazer julgamento moral, isto é, a capacidade de se discernir entre o certo e o errado e de se diferenciar entre as boas e más ações. Sem virtude e julgamento moral a liberdade se transforma em anarquia e a democracia em desordem social. A defesa do Estado de Direito e das liberdades individuais, da liberdade econômica e da limitação do poder do governo de se intrometer nas escolhas privadas dos cidadãos só produz bons frutos para a sociedade quando a virtude e o julgamento moral governam as ações, as obrigações e os comportamentos dos cidadãos.

Assim, a meritocracia possibilitou a criação do Estado eficiente. O surgimento de uma burocracia profissional, baseada em mérito e talento, permitiu acabar com o Estado corrupto e ineficiente. As indicações políticas ditadas pelo nepotismo, pelo clientelismo e por interesses corporativistas foram substituídas por processos seletivos, avaliação de desempenho e princípios meritocráticos de promoção de carreira. A burocracia profissional e meritocrática tornou-se o pilar fundamental para assegurar a continuidade de boas políticas públicas, a previsibilidade do cumprimento de leis e regras e a melhoria da qualidade dos serviços públicos. Infelizmente, muitos setores no Brasil continuam na era da velha política na qual o clientelismo, o nepotismo e o corporativismo ditam as nomeações para os cargos estatais e impedem a criação de uma burocracia meritocrática. Não é por outra razão que a qualidade dos serviços públicos no país é péssima. Sem estímulo para reconhecer o mérito do trabalho e o talento dos bons servidores, médicos, alunos e professores da rede pública, a mediocrização triunfa e a lei do menor esforço torna-se padrão. A urgência da reforma administrativa é essencial para se criar uma burocracia baseada no mérito, talento e valorização do bom servidor.

A esquerda retrógrada odeia meritocracia. Ela iguala o triunfo do esforço individual com egoísmo, oportunismo e ambição desenfreada que destroem a "igualdade." A palavra "igualdade" é sinônimo de mediocridade; serve também de pretexto político para tutelar o cidadão, limitar suas escolhas em nome de "injustiças sociais" e cercear sua liberdade em nome de dogmas, crenças e atitudes que dificultam o desabrochar do talento e do mérito. Em nome da "igualdade" e da "justiça social", o talento e o mérito individuais são sacrificados por políticas compensatórias (como cotas), baixo padrão de exigência e de cobrança e excessiva intervenção do Estado nas esferas pública e privada. O resultado dessa política fracassada está estampado na mediocrização do desempenho, na baixa produtividade nos setores público e privado, na queda da competitividade das empresas e na penalização do mérito. Pessoas talentosas são punidas pelo Estado. Seus ganhos são parcialmente confiscados pelo Estado, seus negócios são regulados por burocratas incompetentes que só criam dificuldades para os empreendedores, e suas empresas são vítimas de insegurança jurídica e mudança constante das regras do jogo e do entendimento das leis e normas.

A esquerda usa "meritocracia" como um termo pejorativo para criticar a concentração de privilégios e de oportunidades nas mãos da elite que deseja perpetuar seu poder. Mas, quando há concentração de poder e privilégio, temos uma oligarquia e não mais um sistema meritocrático. Por isso, a direita sensata tem de zelar pela igualdade de oportunidades (principalmente na educação) e igualdade perante a lei. Não podemos deixar a esquerda usar o pretexto da "promoção da igualdade" para cercear a liberdade individual e penalizar o mérito. Cabe à direita sensata zelar pela preservação da meritocracia para assegurar a competição saudável de mercado e evitar a criação de monopólios; promover a diversidade de talentos e a pluralidade de ideias para oxigenar as instituições e garantir a mobilidade social.

A meritocracia só sobrevive se existe espaço para atrair novos talentos e eliminar aqueles que perderam a capacidade de desempenhar com excelência. É imperativo revisitar constantemente as regras e os processos para assegurar que as virtudes da meritocracia não sejam distorcidas pelo desejo de concentração de privilégios de uma minoria. A direita sensata precisa compreender três coisas importantes:

1) Não existe crescimento sustentável sem empreendedorismo e meritocracia. Uma sociedade que não valoriza o mérito está condenada à decadência, mediocrização, baixa produtividade e

à incapacidade de competir no mercado global e atrair e reter gente talentosa.

2) Não existe mobilidade social sem meritocracia. A sociedade atrofia, decai e é capturada pelas oligarquias que perpetuam o nepotismo, o clientelismo e o corporativismo.

3) Talento e mérito inspiram a nos tornarmos pessoas melhores e mais respeitadas. Servem de exemplo, referência e inspiração para desenvolvermos nossas habilidades, lapidar o conhecimento e o talento, e acreditar que o trabalho duro, a dedicação, o esforço, a honestidade e a virtude compensam.

A valorização da meritocracia é fundamental para resgatarmos a confiança na economia de mercado, na democracia e na capacidade de construirmos um Estado eficiente e instituições inclusivas. Mas esse Brasil que queremos demanda a existência de cidadãos dispostos a defender a liberdade.

Parte VII

Onde estão os defensores da liberdade?

O Brasil e o mundo democrático carecem de defensores da liberdade. Foi a liberdade que nos livrou da miséria e do baixo crescimento, e possibilitou que a economia de mercado nos abençoasse com o mais longo período de paz, prosperidade, crescimento e redução da pobreza. Foi a liberdade que nos livrou de sermos súditos de reis e servos de senhores e nos transformou em cidadãos livres para fazer as nossas próprias escolhas e sermos donos do nosso destino. Foi ela que nos deu os direitos civis e políticos e o Estado de Direito, e garantiu que nos tornássemos pessoas independentes e capazes de participar da política e eleger os nossos governantes.

Se a liberdade nos cobriu com tantas bênçãos, por que temos tão poucos defensores dela? Vivemos em uma época na qual a polarização, a censura e a intolerância são sintomas de uma sociedade que não valoriza a liberdade, a diversidade de opinião e a pluralidade de ideias. Que geração ingrata! Este fato me faz lembrar a ira de Jesus ao expulsar os comerciantes do Templo: "vós fizestes da casa do meu pai um antro de ladrões." A atual geração profana a liberdade e vilipendia a democracia. Enquanto os nossos avós e pais lutaram guerras contra o nazismo e o comunismo e se engajaram na política para defender a liberdade e as instituições capazes de garantir a democracia, a nova geração defende os destruidores da liberdade.

Quando protestam no *campus* universitário, nas ruas ou nas redes sociais, é para defender a intolerância e o cerceamento da liberdade. A delação anônima de professores que não endossam a cartilha da militância de esquerda nas universidades, as manifestações de apoio à organização terrorista Hamas e o endosso da censura e do cancelamento de pessoas que ousam criticar a cartilha do identitarismo são sinais preocupantes de uma geração que profana os valores sagrados da democracia e da liberdade. Suas escolhas e atitudes antiliberais revelam a incapacidade de reconhecer as virtudes da liberdade responsáveis por oxigenar a democracia e a evolução dos costumes e das instituições.

Quando vão às urnas, votam como cidadãos mimados e viciados em benefícios do Estado assistencial. Elegem populistas e governantes que limitam a competição de mercado e alimentam os privilégios das corporações públicas e privadas. As políticas econômicas antiliberais – como aumento de taxação, regulamentação e restrições à liberdade de empreender – têm como objetivo extrair mais recursos do setor produtivo para financiar o insustentável cardápio de benefícios sociais e previdenciários em uma época de abrupta mudança demográfica. O número crescente de idosos, a explosão do déficit público em relação ao PIB e a falta de coragem política para reformar o assistencialismo estatal colocam um fardo insuportável nos ombros das futuras gerações que pode ser fatal para a liberdade, para a democracia e para a livre economia.

A questão crucial para a democracia é saber se a direita sensata está disposta a defender a liberdade. Conservadores e liberais creem na necessidade imperiosa de limitar o poder do Estado a fim de preservar as liberdades individuais. Ambos defendem a livre economia e o direito à propriedade privada como ingredientes fundamentais do crescimento econômico sustentável e da mobilidade social por meio do triunfo do talento, mérito, esforço e competência individual. A essência da política na democracia é defender a liberdade. Quando a luz da liberdade se apaga, a democracia perece, a livre economia desaparece e o cidadão livre volta a ser serviçal do Estado. Por isso, a batalha da direita sensata é vencer o antiliberalismo e o sonambulismo cívico para preservar a liberdade.

O antiliberalismo destrói a política

O antiliberalismo é uma forma de degeneração moral. Quando não cremos mais nas virtudes da liberdade, aceitamos governos autoritários e centralizadores. Quando não acreditamos mais na virtude do livre mercado, deixamos o capitalismo de Estado brotar e sufocar a competição saudável da economia de mercado que gera prosperidade, crescimento econômico e inovação. Quando não reconhecemos mais a virtude da democracia, dos governos representativos e das liberdades cívicas e políticas, permitimos as instituições e o Estado de Direito serem capturados por corporações públicas e privadas, o que transforma a democracia em uma oligarquia. O antiliberalismo é a força destruidora da política, isto é, do espaço onde reina a ordem, a liberdade e o Estado de Direito.

A esquerda justifica suas políticas antiliberais e a intervenção do Estado na vida privada e na economia em nome de uma sociedade mais "igual" e "justa." Em nome da igualdade, a esquerda cria um Estado centralizador e extrativista que concentra poder e privilégio nas mãos de corporações, intervém na economia e cerceia as liberdades individuais. A grande diferença entre a esquerda e a direita é que a primeira valoriza mais a igualdade do que a liberdade, enquanto a segunda entende que a liberdade é o valor primordial para vivermos em uma sociedade democrática.

Não existe liberdade sem responsabilidade. Responsabilidade só existe quando alicerçada em valores morais. A criação do Estado inclusivo e do governo limitado serve justamente para garantir as leis, normas e acordos que reforçam os laços de confiança, previsibilidade e credibilidade das instituições capazes de assegurar uma sociedade livre, democrática e próspera. O funcionamento da economia de mercado demanda confiança nas pessoas, contratos e normas, o bem-estar da democracia exige confiança nas leis e nas instituições, e a existência da liberdade demanda confiança nos valores morais.

Adam Smith frisava no seu livro *Teoria dos sentimentos morais* que a empatia e o julgamento moral são vitais para o bom funcionamento de uma sociedade livre, democrática e civilizada. O primeiro sentimento estimula a cooperação, a colaboração e o comportamento ético. As nossas relações são guiadas por acordos tácitos e regras não escritas que regem as nossas atitudes e comportamento na vida cotidiana. Quando compramos o pão na padaria, não assinamos um contrato com o padeiro nem levamos uma balança para averiguar se o pão vendido realmente pesa 50 gramas. Acreditamos na índole e na honestidade do padeiro. Quando prometemos buscar o filho na escola, ele confia que você chegará na hora combinada. Não é preciso um acordo formal. Essas relações cotidianas criam os laços de confiança que norteiam as nossas ações. Se somos pouco confiáveis, nossa reputação é abalada, e reputação é um valor fundamental em uma sociedade livre na qual as trocas voluntárias e os acordos formais dependem da credibilidade, da previsibilidade e da confiança de se cumprir promessas, acordos, regras e leis.

O segundo ingrediente é o julgamento moral. Ele é essencial para discernir entre o que é certo e errado, verdadeiro e falso, ações boas e ruins. Os valores morais, o senso de dever público e a importância dos costumes e tradições moldam o caráter do indivíduo e lapidam a formação do cidadão, disciplinam as ambições pessoais, estimulam a colaboração e a cooperação que fazem a economia de mercado prosperar e resguardam a harmonia social e a ordem política. A empatia, o julgamento moral, a liberdade e a civilidade constituem a essência da "mão invisível" que faz o mercado funcionar, a democracia florescer e a liberdade reinar.

Aristóteles dizia que, sem os valores morais, o ser humano é o mais cruel de todos os animais. Divorciado do remorso, do sentimento de culpa, do perdão e do senso de justiça, o indivíduo comete barbaridades e atrocidades em uma escala monstruosa, capaz de arruinar famílias, comunidades e países. No pântano da imoralidade, do radicalismo, da animosidade e do individualismo egocêntrico, não há espaço para se criar uma sociedade livre. Por isso, é urgente recriarmos a teia de confiança em uma sociedade que desconfia do Estado e que este desconfia do cidadão. A ineficiência do Estado leva o cidadão a criar um Estado paralelo no qual ele busca a segurança, a educação e a saúde privadas para ter uma vida digna. Já o Estado desconfia do cidadão e cria cada vez mais regras, órgãos de controle e burocracia para fiscalizar, punir e cercear as liberdades cívica, política, econômica e social.

Essa relação turbulenta entre o cidadão e o Estado aumentou o desinteresse das pessoas pela política. Quanto mais o cidadão está desinteressado pela política, maior o avanço do Estado sobre as liberdades individuais. O sonambulismo cívico é tão nefasto para a democracia quanto o poder perverso do corporativismo, do clientelismo e da corrupção. O país está pagando um preço altíssimo por esse desinteresse. A inação daqueles que "não estão nem aí" para a política permitiu que as corporações capturassem o Estado e moldassem as leis de acordo com seus interesses particulares. O desinteresse cívico pela política estimula a captura do Estado pelas corporações e transforma a democracia em um instrumento para sufocar a liberdade e deturpar a livre economia.

O melhor antídoto contra um Estado corporativista, ineficiente e corrupto é a existência de uma sociedade civil forte, ativa e participativa na vida pública. Não adianta culpar o governo, o Estado e os políticos pelas mazelas do país. Eles são fruto das nossas escolhas e atitudes, assim como da nossa inação e do nosso desinteresse pela política. A participação cívica foi fundamental para o triunfo da democracia representativa, para a preservação das liberdades individuais e para limitar o poder do governo. A reconstrução da teia da confiança começa pela defesa de uma bandeira cara à direita sensata: a descentralização do poder.

A descentralização do poder é vital para resgatar o senso de cidadania participativa. É preciso devolver mais poder para os estados e municípios. Os grandes casos de sucesso de parceria público-privada na saúde, educação e políticas sociais estão nas cidades e nos estados onde cidadãos e governantes estabeleceram alianças para resolver problemas locais. Essa cooperação vem ajudando a restabelecer os laços de confiança entre governo e cidadão, a ressuscitar o espírito de responsabilidade cívica e cidadania participativa e a empoderar governos mais pragmáticos e focados na resolução de problemas. O poder local permite que o cidadão e o governo tenham mais autonomia para tomar decisões com celeridade e implementar soluções inovadoras sem a intermediação do governo central.

A implementação do verdadeiro federalismo vai contribuir para a redução do tamanho do governo nacional. A grande desconfiança do cidadão em relação ao governo central decorre da sua gigantesca burocracia que atormenta e dificulta a vida das pessoas; da intervenção desastrosa do Estado na economia que sufoca o empreendedorismo e deturpa a competição de mercado; do sentimento de impunidade, injustiça e insegurança jurídica reinante no país; da imoralidade dos privilégios, dos supersalários e das benesses concedidos à elite de políticos e de servidores que capturam as instituições.

A criação de um Estado eficiente, com instituições inclusivas e governos enxutos, transparentes e responsáveis requer a realização de profundas reformas no sistema eleitoral, na criação de uma burocracia meritocrática, na descentralização do poder e na implementação da agenda sugerida neste livro. O engajamento cívico e o fortalecimento dos laços de pertencimento do cidadão com a sua comunidade são fundamentais para recriar o senso de dever público e estimular a formação de uma nova geração de governantes que prezem pelo liberalismo econômico, tirem o Estado das costas de quem trabalha, empreende e produz, e acreditem no poder extraordinário do empreendedorismo como a grande alavanca de geração de crescimento, emprego e riqueza.

O otimismo com uma nova safra de governantes é respaldado na realidade. Enquanto a política nacional é dominada por populistas, presenciamos governos estaduais que são fruto do pragmatismo político, do empenho para se criar um Estado eficiente, do apreço pela economia de mercado e pela vontade de trabalhar em parceria com o setor privado para atrair empreendedores e novos negócios para o seu estado. A atual geração de governos estaduais nos faz lembrar os governadores paulistas que se tornaram presidente da República, como Prudente de Moraes, Campos Salles e Rodrigues Alves. Eles nos deixaram um valioso legado[1]. Ao acreditarem nas virtudes do livre mercado e da descentralização do poder, os empreendedores prosperaram durante a Primeira República e os estados e municípios tiveram mais voz e autonomia para moldar as políticas locais. Este é o caminho para valorizar a participação cívica e restabelecer a consciência dos deveres e direitos da cidadania.

O Brasil que a direita sensata quer para nós e para os nossos filhos

Um país que a lei seja igual para todos e que o direito das minorias seja respeitado.

Um país que o cidadão possa empreender e desenvolver o seu talento pessoal sem ter os frutos do seu trabalho confiscados pelo Estado.

Um país capaz de descentralizar o poder para dar liberdade e autonomia aos governos regionais para empreendedores locais desenvolverem o potencial das suas vocações regionais sem a tutela do Estado centralizador.

Um país que não trate os empreendedores e empresários como criminosos que desejam roubar a nação.

Um país que aproveite o seu potencial ambiental para fazer o Brasil crescer, prosperar e se tornar uma potência global que exerça um papel protagonista na agricultura sustentável e na redução da emissão de carbono no mundo.

[1] D'AVILA, Luiz Felipe. *Os Virtuosos*. Os Estadistas que fundaram a República brasileira. São Paulo: A Girafa, 2006.

Um país em que político ladrão e corrupto é expurgado do poder por meio do voto e devidamente punido de acordo com as leis da nação.

Um país que não seja carcomido pelo crime organizado, pelo narcotráfico e pela violência.

Um país que tenha um Estado eficiente e capaz de prestar serviço de qualidade para o cidadão.

Um país que repudia o patrimonialismo, o clientelismo e o corporativismo.

Um país que transforme a vida das pessoas por meio da educação de qualidade e que não aceite ser um dos piores do mundo nos *rankings* internacionais.

Um país capaz de oferecer igualdade de oportunidades para todos e eliminar a extrema pobreza, símbolo do fracasso de políticas sociais clientelistas e eleitoreiras da esquerda retrógrada e da direita chucra.

Nós podemos construir esse país. O Brasil é fruto das nossas escolhas, decisões e atitudes. Se tivermos convicção nos valores e propostas que precisamos defender; se formos capazes de nos mobilizar para derrotar os populistas e a esquerda nas urnas; e se apoiarmos os governantes comprometidos com as reformas modernizadoras do Estado, com a defesa da livre economia e das liberdades individuais, o Brasil que queremos vai se tornar realidade. E, então, teremos novamente orgulho de sermos brasileiros por termos livrado o país das mãos dos antiliberais que buscaram subverter a democracia e sepultar a liberdade, deixando uma nação melhor para as próximas gerações.

Bibliografia

Um roteiro de leitura para inocular o intelecto do vírus ideológico de esquerda

CARVALHO, José Murilo. *Cidadania no Brasil*. O longo caminho. 28. ed. Rio de Janeiro: Civilização Brasileira, 2023.

CALDEIRA, Jorge. *História do Brasil com empreendedores*. São Paulo: Mameluco, 2009.

CALDEIRA, Jorge. *História da riqueza no Brasil*. Rio de Janeiro: Estação Brasil, 2017.

CALDEIRA, Jorge; SEKULA, Marisa; SCHABIB, Luana. *Brasil, paraíso restaurável*. Rio de Janeiro: Estação Brasil, 2020.

CAMPOS, Roberto Oliveira. *Lanterna na popa*. Rio de Janeiro: Topbooks, 1994.

D'AVILA, Luiz Felipe. *10 Mandamentos*. Do país que somos para o Brasil que queremos. 2. ed. São Paulo: Edições 70, 2022.

D'AVILA, Luiz Felipe. *Caráter e liderança*. Nove estadistas que construíram a democracia brasileira. 2. ed. São Paulo: Estação 70, 2023.

FRANCO, Gustavo Henrique Barroso. *O plano real e outros ensaios*. Rio de Janeiro: Francisco Alves, 1995.

FREIRE, Gilberto. *Ordem e progresso*. São Paulo: Global, 2004.

FREIRE, Gilberto. *Casa grande e senzala*. São Paulo: Global, 2006.

GASPAR, Malu. *A organização:* a Odebrecht e o esquema de corrupção que chocou o mundo. São Paulo: Companhia das Letras, 2020.

GIAMBIAGI, Fabio. *Capitalismo*: modo de usar. Rio de Janeiro: Elsevier, 2015.

HOLANDA, Sergio Buarque de. *Raízes do Brasil*. São Paulo: Companhia das Letras, 1995.

LIMA, Oliveira. *Formação histórica da nacionalidade brasileira*. Rio de Janeiro: Topbooks, 1997.

LIMA, Oliveira. *D. João VI no Brasil*. Rio de Janeiro: Topbooks, 2006.

LIRA, Heitor. *História de D. Pedro II*. São Paulo: Editora da Universidade de São Paulo, 1977.

LOMBORG, Bjon. *Falso alarme*: como o pânico das alterações climáticas nos custa bilhões, atinge os mais pobres e não salva o planeta. São Paulo: Luminal Creation, 2024.

LOMBORG, Bjon. *O ambientalista cético*. Rio de Janeiro: Elsevier, 2002.

MENDES, Marcos (org). *Gasto público eficiente*: 91 propostas para o desenvolvimento do Brasil. Rio de Janeiro: Topbooks, 2006.

MENDES, Marcos. *Por que o Brasil cresce pouco?* Desigualdade, democracia e baixo crescimento no país do futuro. Rio de Janeiro: Elsevier, 2014.

MIRANDA, Evaristo de. *Tons de verde*. A sustentabilidade da agricultura no Brasil. São Paulo: Metalivros, 2018.

NABUCO, Joaquim. *O abolicionismo*. 6. ed. Petrópolis, RJ: Editora Vozes, 2000.

PINTO, José Nêumanne. *O que sei de Lula*. Rio de Janeiro: Topbooks, 2011.

PRADO, Maria Clara R. M. *A real história do real*. Uma radiografia da moeda que mudou o Brasil. Rio de Janeiro: Record, 2005.

SAFATLE, Claudia; BORGES, João; OLIVEIRA, Ribamar. *Anatomia de um desastre*. Os bastidores da crise econômica que mergulhou o país na pior recessão de sua história. Portfolio-Penguin, 2016.

SOUZA, Otávio Tarquinio de. *História dos fundadores do império do Brasil*. Rio de Janeiro: José Olympio, 1957.

SOUZA, Raul Alves de. *História política dos governos da república*. Rio de Janeiro: Empresa Gráfica, 1927.

Dados e Referências de consulta

International Institution for Management Development (IMD). *World Competitiveness Ranking*. Disponível em: https://www.imd.org/centers/wcc/world-competitiveness-center/rankings/world-competitiveness-ranking/. Acesso em: 26 mar. 2024.

*O **Banco Central** é uma excelente fonte para dados confiáveis:* Banco Central do Brasil (BCB). *Estabilidade Financeira - Dados sobre a economia*. Disponível em: https://www.bcb.gov.br/estabilidadefinanceira/drex. Acesso em: 26 mar. 2024.

*Bom estudo do **Instituto Locomotiva** sobre a realidade nas favelas e sem viés ideológico:*

INSTITUTO LOCOMOTIVA. *Estudos*. Disponível em: https://ilocomotiva.com.br/estudos/. Acesso em: 26 mar. 2024.

Bjorn Lomborg é um dos bons estudiosos da questão ambiental que permanece fiel aos dados e não aos dogmas ideológicos da esquerda. Seus livros são ótimas referências sobre o assunto.

José Alexandre Scheinkman é um dos mais brilhantes economistas brasileiros. Seu trabalho é reconhecido internacionalmente:

SCHEINKMAN, José Alexandre *et al. Carbon prices and forest preservation over space and time in the Brazilian Amazon*. 10 de abril de 2023. Disponível em: https://papers.ssrn.com/sol3/papers.cfm?abstract_id=4414217. Acesso em: 26 mar. 2024

Fraser Institute é referência no estudo e na divulgação de indicadores sobre liberdade econômica no mundo:

FRASER INSTITUTE. Disponível em: https://www.fraserinstitute.org/studies/economic-freedom. Acesso em: 26 mar. 2024.

*No ano de 2023, realizei uma série de entrevistas para o Programa Panorama, do canal **Brasil Paralelo**. A entrevista com Marcos Lisboa foi uma delas.*

PROGRAMA Panorama, Brasil Paralelo. *Entrevista com Marcos Lisboa*. Disponível em: https://youtu.be/z3TiWlflLHs?si=8HgytjHzav5Vu2mt. Acesso em: 26 mar. 2024.

Ricardo Paes de Barros é um dos grandes acadêmicos que estuda o impacto das políticas sociais. No livro, cito a entrevista que ele concedeu ao jornal Folha de São Paulo.

BARROS, Ricardo Paes de. [Entrevista ao Jornal Folha de São Paulo]. *Jornal Folha de São Paulo*, 6 de outubro de 2021, p. A20.

Peterson Institute é uma instituição independente que estuda a prosperidade de países e do bem-estar humano. A pesquisa de Douglas Irwin apresenta dados importantes sobre a redução de pobreza no mundo:

PETERSON INSTITUTE. Disponível em: https://www.piie.com/blogs/realtime-economic-issues-watch/globalization-enabled-nearly-all-countries-grow-richer-recent. Acesso em: 26 mar. 2024.

Índice Remissivo

A

agenda ambiental 66, 67
agronegócio 49-51, 53-54, 61-62, 65, 72, 73-75, 109
antiliberalismo 151-152

B

Banco Central 32, 57-58, 161
bem-estar social 14, 89
Bolsa Família 28, 32, 82
Brasil colonial 104
burguesia 76, 93

C

cana-de-açúcar 51, 55, 73
capitalismo 24-25, 69, 90, 93, 95, 102, 151, 160
Centrão 129-130, 133-137
Código Florestal 53
comunismo 21, 24-25, 93-97, 150
Congresso 9, 20, 30-31, 35-36, 41, 53, 125-126, 128, 130-132, 134, 137
Consenso de Copenhague 67
Constituição de 1988 18-20
Coroa portuguesa 103, 105, 115

D

democracia 9-11, 19, 21, 34-43, 45, 48, 65, 78, 87, 89-90, 95-96, 98, 111-113, 116, 118, 122-125, 127-129, 133-134, 140, 144-145, 148, 150-155, 158-160
direita sensata 11, 48, 53, 62, 65-66, 69-70, 73, 80, 83, 87, 147, 151, 155, 157
Diretas Já 135
DREX 58, 161

E

ESG 69, 72
esquerda 9-11, 13, 20-21, 26-27, 37, 41-42, 49, 52-53, 62, 66-69, 73, 75, 77-83, 87, 89-90, 93-94, 98, 101-102, 108, 110, 118-119, 128, 135, 138, 143, 146-147, 150, 152, 158-159, 162
Estado Assistencial 21, 83, 98, 110, 150
Estado de Direito 9, 11, 35-36, 38, 42-43, 45, 65, 78, 87, 90, 113, 120, 122-123, 145, 149, 152
Estado Novo 40, 127, 133-134

F

favelas 62-63, 161
Forças Armadas 39, 127-128
Fundo Monetário Internacional 38

G

globalização 13, 38

I

impeachment 31, 34-35, 41-43, 137
imprensa livre 9, 38, 41, 113-114
industrialização 15, 123

L

Lei Áurea 110, 119
Lei da Informática 20
Lei das Estatais 32, 128
Lei de Responsabilidade Fiscal 28
Lei dos Sexagenários 109, 123
Lei do Ventre Livre 109
Lei nº 8.248/91 20
liberalismo econômico 13, 15, 99-100, 141-142, 156

VIRE À DIREITA. SIGA EM FRENTE

livre mercado 11, 22-23, 35, 43, 54, 66, 68-69, 76, 78, 123,
129, 141, 151, 157

M

Marxismo 26-27, 90
meritocracia 61, 96, 123, 143-148
Muro de Berlim 24, 77, 96-97

N

nacional-estatismo 9-11, 13-16, 18-21, 25-26, 29-32, 34, 36,
41, 48, 64-65, 75-76, 79, 138, 142-143
nacionalismo 13-14, 75

O

operação Lava Jato 30
Organização Mundial da Saúde (OMS) 46

P

países emergentes 17-18, 21, 24, 33, 44, 46, 77, 99, 136
partido Comunista 24, 95
Partido dos Trabalhadores (PT) 11, 13, 27-29, 31-35, 37, 43,
48, 53, 70-72, 79, 82
PIB 10, 17, 20, 30, 33, 44-45, 50, 60, 72-73, 77, 80, 99-100,
136, 140, 142, 151
PIX 56-58
Plano Real 26-27, 57, 135, 159
populismo 9, 11, 13, 34-37, 40-42, 48, 65, 133
Proálcool 55
programa de privatização 27

R

religião católica 107
reserva de mercado 10, 13, 15-16, 19-20, 46, 49, 75, 99, 141
Revolta da Armada 126
Revolução Cultural 25
Revolução de 1930 40

S

Segunda Guerra Mundial 36, 98, 127, 134
soberania nacional 13-14
socialismo 25, 95, 98-99

T

Tesouro Nacional 31, 57